俗物与天才

Philistine and Genius

[美] 鲍里斯·塞德兹 著
成墨初 蒙谨 编译

精典教育

Preface
序言

把你的孩子也塑造成天才

这是一本神奇的书，也让哈佛大学的校长柯兰特拍手称赞，他曾说：“我建议全世界的父母都读一读《俗物与天才》，我希望在哈佛出现的全是小塞德兹这样的天才。”

事实上，翻开这本书，就能看到本书最直接的观点：孩子是天才还是俗物，与先天遗传关系不大，主要看后天的生长环境和接受了什么样的教育。

对于父母和社会而言，教育都是非常重要的，因为孩子是推动社会发展的主要力量。父母望子成龙，望女成凤，希望孩子能够拥有更加优秀的素质和品德。

可是，面对智力平平的孩子，许多父母往往错误地认为，自己的孩子不可能是天才。但是，将孩子的行为表现作为判断的标准，显然是错误的。

《俗物与天才》的作者鲍里斯·塞德兹认为，每个孩子都是天才，这个结论不是凭空捏造的，而是塞德兹根据多年的研究和实践得出的正确结论。

塞德兹发现，在现实生活中，绝大多数原本拥有天才潜质的孩子，因为得不到正确的引导和教育而沦为俗物，这让他心痛不已。

为了纠正“天才遗传论”这种错误的认识，也为了让父母了解正确的教育方法，塞德兹写下了著名的教育学论著——《俗物与天才》。

这本书一经出版，立刻引起了巨大的轰动。人们争相传阅、讨论，惊叹于一个个鞭辟入里、深刻可行的教育理念，并将此书奉为教育孩子的“圣经”。

塞德兹认为，盲目地给孩子设立一定的规矩，让孩子生活在充满各种规律、戒条的环境中，各种行动都会受到压抑，这样只会培养出循规蹈矩、没有自己思想的俗物。

正是教育环境的不同，造成了天才与俗物之间的不同。父母要帮助孩子开启智慧，观察、认识和了解社会，同时，帮助孩子找到兴趣爱好，让他热爱知识。

一旦可以激发孩子学习知识的热情，不用父母督促，孩子就能因为这份热情持续不断地学习，并且乐在其中。

可以说，这样的孩子都是天才，事实上，查看关于伟人或成功人士的记录、传记等，我们就可以发现，他们的成功都归功于教育。

塞德兹研究了《卡尔·威特的教育》一书，并在对儿子小塞德兹的教育中进行实践。同时，他将自己对心理学的研究也融入其中，发展了一套更加完备的早期儿童教育方法。

正是在这种方法的培养下，小塞德兹的智力得到了很大程度的开发，成了闻名世界的小天才，在11岁时，他就考入了世界知名高校——哈佛大学。

《俗物与天才》正是在此基础上写成的。在本书前半部分，塞德兹先阐释了自己独特的教育理念；而在后半部分，又以小塞德兹的成长经历为主线，论述了天才教育法的实践过程。

我们由此得知：一个孩子，即使天赋极高，如果得不到正确的教育，他的天赋也会渐渐消失；同样的，一个普通孩子，如果可以得到正确的教育，也能成为一个天才。

时至今日，书中提到的一些教育误区虽然得到了一定的纠正，但仍有许多教育错误没有得到改正，这些错误在很多父母的头脑中根深蒂固，给孩子造成了很大的伤害。所以，即使到了今天，本书仍在发挥强大的作用。

为了给广大父母以启迪，让孩子得到正确的教育，我们重新编译了此书。在忠实于原著的基础上，尽可能地使语言通俗易懂，同时也采用了现代人容易接受的语言风格，避免了枯燥无趣，使可读性大大增强。

孩子的未来掌握在父母手中，孩子是成为俗物还是天才，全看父母提供怎样的教育环境，进行什么样的教育。希望阅读本书后，父母能从中找到解决教育困惑的答案，把孩子培养成真正的天才。

目录

第一章 教育的奥秘：庸才与骄子

» 教育是人类最宏伟的工程

我想对已经为人父为人母的人，对在思想上有独到见解的人谈一下我个人的观点。我认为，对孩子进行家庭教育是每个人生命中都不可或缺的一部分，我们必须花费大量的精力和时间来做好这件事。

我觉得，每个人都应该付出大量的时间和精力去关注孩子的教育，而且还要把这件事一直持续下去，直到孩子学有所成。

毋庸置疑，每个父母都盼子成龙，盼女成凤，都希望自己的孩子以后能成为一个对社会有用的人，而且也希望自己的亲朋好友也能教育好孩子。

孩子是每个父母、家庭的希望，也是祖国未来的希望，所以说，不管是作为父母还是作为社会一员，父母都有责任和义务教育好孩子。所以，我希望父母能知晓对孩子的教育方法，并且和他人相互借鉴。

一般说来，受到过优秀教育的父母，爱好会更加广泛，更加丰富多样，更容易解放思想，接受新的思想和新的事物，不会死板呆滞。

讲到这，我想，如果我们把教育目标设定为人格的全面发展，相信每一位父母都不会反对，反而会充满兴趣。

其实，很多事情没有我们想象的那样容易，想要通过一般的思维逻辑得到结论，或者是单纯地通过教育学与心理学解决问题，是非常困难的。

新思想、新事物源于生活，因此，我们要从生活中去找答案，去找分析问题和解决问题的方法。而一般说来，大多数院校的教育成果却与此恰恰相反。不可否认，这是一般人想要的平庸的教育，却根本无法教育出天才。

在现实中，我们会感觉到，人生就像一门功课，我们必须不断地及时更新自己的知识。这个问题会影响我们的整个生命，为此我们要不断地去思索。教育是人生的一项基础课题，在生活中它能够引起我们对许多问题的思索。

古今中外，古希腊人对教育是很重视的。柏拉图一直坚信，在一个新的社会，要想提高道德观点与知识水准，就必须重视教育的力量。

在他记述的理想国里，他利用苏格拉底的口说出了这样一段话："不管做什么事，尤其是一些环环相扣的事情，有一个良好的开端是非常重要的。一个良好的开端是整件事情能否顺利解决的基础，对事情的后续发展起到至关重要的作用。"

从社会发展历史来看，不论是由于道德或宗教，还是由于经济等原因而引起的争斗与矛盾，探究其产生的深层次的根源，无一不是因为人们对欲望的贪婪与无休止的追求。

与容易满足的人比较，总有一些特别有精力的人为了使自己的私欲不断地得到满足，便发动各种各样的争夺与战争。从实质上说，早期社会孕育出来的物质文明就是民族特殊教育的结果。

以此推断，不同的民族教育便产生了不同的民族文化。一个国家最基本的教育与该国的社会特征与上层建筑有密切的联系。国家的整体面貌则是该国教育的一个体现。

比如，不同的国家也会产生不同的民族性格，古罗马人非常粗犷、健硕、因循守旧；古希腊人则相对唯美，对一切事物都富有热情；可是相对于这两个国家，东方古国则更加注重王位与权力。与古代社会相比，现代社会少了那份宁静与祥和，更多的则是喧闹和利益。

从本质上说，因为各个国家的基本教育不同，导致公民之间的差异。或者可以说，教育影响了社会结构的形成。

每个人就像黏土一样在做陶的人的手中被弄来弄去，社会的基本教育造就了人们的社会心理。而社会的追求、理想等则构成了社会模型。

那么，谁会有打造模型的能力呢？

无疑，正是每个孩子的父亲母亲。**孩子就像黏土，而父母就像做陶器的人**。因此，孩子的性格与未来的命运被牢牢地攥在父母手中。

由此可见，父母的道德观念、政治观点以及行为习惯等严重影响着孩子。所以说，国家未来的希望就在每一位父母的手中，不容轻视。

可是，父母总是用传统的道德观念、政治观点以及现实的标准去评判是与非、对与错，而且一直用这些方式引导着孩子，孩子则在父母的耳濡目染下，也会用同样的方式方法行事。父母已有的教育模式来自于自己受到的教育，而无形之中又影响到自己孩子的未来。

我们都知道，矛盾无时不有，无处不在。联系也是如此，时时有联系，事事有联系。

在希腊有过一位叫作地米斯托克利的军事家，曾经一度，他的言行被公认为具有希腊的典型气质。他曾经说过，希腊的最高权力都是被他的儿子牢牢掌控在手中的，不为别的，正是因为希腊被雅典控制着，而他掌控着雅典，他的妻子控制着他，而他的妻子却由他的儿子控制着。

通过这段看似嘲讽的语言，我们可以看出平时人们公认的事实，即孩子是世界的希望。

那归根到底又是谁来掌握着孩子呢？显然，是孩子的父母、家庭，还有就是在小时候照顾他们并给他们深刻影响的人。

处于婴幼儿时期的孩子，他们的头脑如同一张未经书写的白纸，

他们的精神世界亦是如此，也没有任何的根基。根基是非常重要的，孩子的精神大厦就像现实中的房子，而根基则决定着房子是否稳固。

» 早教是孩子成长的关键

孩子在幼年的成长是十分重要的，可能大家觉得我有些啰唆。但是，我必须要提醒大家，幼年的孩子思想是一片空白，他们需要我们的引导和帮助，只有这样他们才能更好地成长。我希望这个曾经对我有很大影响的话语，同样可以帮助大家。

我们回顾一下曾经发生的事情，就会很容易发现，当我们的思想还很幼稚时，是很难了解一些事情的重要性的。

例如，科学源自真理；整体比局部大；世界上的树叶没有两片是完全相同的；很多事物外表没有变化，实际已发生质变等。这些是众所周知的公理。而我们对数学和力学的研究，也正是依靠了这些公理。

说到这些真理，我们很多人都会在生活中用到它们，并且会根据这些真理得到我们所想要的结果，这就是我们对真理的运用。对于教育，其实也是如此，很多以前的教育理念也可以服务于我们现在的教育，但是，很多人已经渐渐地将这些理念遗忘，更不用说运用了。

也许，正因为我们成人正在渐渐遗忘这些之前教育上的真理，才使得我们不重视孩子的早期教育。而更可恶的是，现在一些所谓的教育学家，用一些错误的、没有任何科学依据的方法对孩子进行教育。这样，不仅不利于孩子的学习，还会对孩子的心灵造成巨人创伤。

我们所有人都知道孩子是多么的单纯，他们对外界没有任何防备之心。同时，他们的大脑也是空白的，没有任何思想认知。

所以，我们就编织各种童话和传说，希望孩子可以开开心心地生活。可是，我们却从来没有意识到，其实我们是在自欺欺人。这毕竟是谎言，谎言对我们大人都是有害的，更何况是孩子。

我们想象一下，孩子每天成长在这些我们编织好的故事中，没有人给他们机会让他们去表达自己的想法。

长此以往，孩子面对其他事情时，也不会提出批评和质疑。孩子只会变得顺从，顺从他的父亲和母亲，按照他们的要求前行。他失去了自我，更加不会独立思考和行动。他的大脑只有服从，或者自己从事简单的工作。

因为，在他们的生活中，不断地有不同的人出现，帮助他们做决定，帮助他们干每一件事情，他们不需要为此费心。渐渐地，他们也就失去了对事物进行分析和辨别的能力。

他们看待所有的一切事物都需要别人的帮助，他不再会成为天之骄子。我们可以接受这样的孩子吗？是我们的教育方式把孩子教导成了这个样子，我们是不是应该反思自己呢？

现在的教育模式，无论是在家里还是在学校，孩子们都被灌输各种美好的预言和故事。我们的目的是让孩子知道世界是多么美好，可是，这是真实的世界吗？我们难道不应该让孩子知道世界的真面目吗？

我认为作为教育者，我们不应该让孩子一直生活在这些美好的谎言之中，这样会损害孩子的心灵。我们应该给予他们一定的视角，让他们真正了解社会的现状，这样他们才能正确看待社会，才有可能明辨是非。

或者可以这么说，我们的孩子在一天天地成长，要独自进入这个社会。可是，当他们进入社会以后，才发现那并不是他们认识的社会，他们会感到恐慌甚至是排斥。他们明白了，原来自己之前一直是在受欺骗，这对他们来说，将是多么残忍的事实。

如果因为我们在孩子幼年时期的错误教育，导致他们面对真实社会时，内心产生如此大的触动和阴影，这个责任要由谁来承担呢？

» 帮孩子避开不利的成长环境

我不赞成残忍的杀戮，这样对谁都是不公平的，孩子也是人，是活生生的生命体，我们应该给予尊重和关爱。现在，很多民族以宗教

的名义做出各种恐怖的行径，这是残忍的，也是不可原谅的。尤其是巴塞洛缪惨案，是让欧洲大陆永远无法忘记的。

这些行为是残忍的，可能很多人认为这样的行为不可能发生在现代，他们认为这些是在远古时期或者落后民族中才会发生的。

我想说的是，你们凭什么这样判定？又凭什么认为古代人又或者落后民族的人就很野蛮？难道我们真的很先进吗？我们哪一点看到自己先进了？

我们始终在看待事情上拥有双重标准。我们用严格的标准要求别人，对待自己则相对松懈，这是为什么？难道我们不该注意一下自己的行为吗？

我们是否想过，其实这里的一切都是假象，难道我们真的文明吗？不是的，这些都是我们可以捏造的，我们用各种东西掩盖自己的野蛮和贪婪。这样的行径让多少人因此而丧命，也让多少人因而疯狂。

在我们的城市中，有无数的贫民窟，这里有大量的人因为疾病和细菌而死亡，尤其是儿童的死亡率更是高得惊人。

我们现在所谓的文明城市污染是极其严重的，在我们的环境中隐藏着各种病毒和细菌。其中一项就是肺结核，这对于我们来说是极其危险的一种病。

这种病的来源和我们人类无限制地扩张城市有着密切的关系，我们让工人在十分恶劣的环境中工作，这里没有任何医学保障，并且充满了各种病菌。

但是，很多我们眼中的文明人为了赚取更多的利益，甚至让孩子去这种环境中工作，不给他们任何医疗保障，却让他们成为赚钱的工具。

约翰·雷厄姆·布鲁克斯这样表达了自己的观点，他曾经很长时间供职于消费者协会，他认为我们一直对城市发展带来的健康威胁不够重视，甚至是一种不予理会的态度。虽然有很多人觉得他是杞人忧天，但事实绝非如此。

他说，例如在条件极其简陋的工厂里，医疗卫生条件完全不符合要求，生产出来的产品会对消费者的身体健康带来不利影响；如果一些传染病譬如白喉、猩红热等在工厂里蔓延，在危害产生以前，必定会出现大量抗议声。

实际上，虽然这一系列的疾病和细菌会影响人们的健康，但是，这些都微不足道，最大的危险是人们良知的缺失、道德的沦丧。

我们现在的社会是变得越来越富有，生活也越来越富足。可是，这又能怎么样呢？我们看到的是贫富悬殊不断加大，社会秩序越来越混乱，很多贫民的生活是我们无法想象的。

尤其是在我们认为非常富有的大都市中，有很多人仍然吃不饱饭，勉强维持着自己的艰难生活。他们被我们遗忘在城市的角落，没有人关心他们的死活，任由他们自生自灭。

在我们现在的社会中，每年在军队和罪犯上的经济支出，远远超过我们在其他行业的支出。在很多人眼里，这似乎是很正常的，而且他们认为政府应该在这方面加大资金支持力度，这样才可以维护我们的社会安全。

可是，这项资金的支出已经远远超过我们能够承受的范围，尽管每年的花销高得惊人，但仍然无法满足这方面的开支需要。

这一切都让我们震惊。曾经有一位来自慈善委员会的代表表示，他希望国家可以彻底废除刑罚，让所有的犯人恢复自由之身。

可是，我们现代社会的高度文明无形中掩盖了社会的各种矛盾，展现在眼前的只是社会的繁荣和国力的强盛。

我曾经和一个教授去参观一个慈善机构，这里有很多孩子，都是因为智力出现问题而被遗弃的。参观完后，教授不解地向我询问：“为什么智力很差的孩子，可以生活在如此好的条件中，可是，很多非常聪明的孩子却要为他们的生活而努力打拼？”我也无法解释，但是，我可以看出教授对这种行为的不满。

在现实社会中，很多孩子没有这样的待遇，他们为了自己的生活要被迫去工作。很多十几岁的孩子进入工厂工作，而他们的工资也是少得可怜。

甚至有很多大学生，也经常饥一顿，饱一顿。他们的生活条件极其恶劣，在寒冷的冬天，他们可能只靠点燃报纸所带来的火光取暖，这是多么悲惨的生活。

对于智力或者身体上存在障碍的人，我们需要给予他们帮助，让他们健康快乐地成长。可是，我们却忽视了这些健全的孩子，他们也需要我们的帮助。

我们可能会了解一些已经克服厄运，走向胜利的天才，可是，还有很多这样的孩子正生活在困苦中，他们需要我们帮助。可是，我们却视而不见，这样无形中将很多天才扼杀了。

慈善机构的工作人员听到我们的对话后，极为不满，他认为我们忽视了他们工作的重要性。他对我们说："我们生存在高度发达的社会，应该给予每一个生命尊重，并且给予他们生存的权利。"

可是，我们真的这么做了吗？还是我们仅仅看到了这些天生有残疾的孩子，而忽视了正常的孩子也需要这样的帮助？

我们不需要什么证明，就单单看孩子的死亡率就可以证明这一点。在恶劣条件下生存的孩子，他们没有任何生存保障，他们的生命是那么脆弱。可是，却没有任何人同情他们或者帮助他们。

仅在美国，在三年时间里，就有将近两万多人丧生在铁路上，这是多么惊人的数字啊。在英国也是如此，两万多人死于疾病和战争。这是我们所知道的数字，还有很多未在统计中。

这有一项1901年的数据调查，伤亡十分惨重，在铁路雇员中，每26人中就会有一位伤者，每400人中就会出现1人死亡，这是多么可怕的数据啊！到1902年，铁路上的伤残人数达到了50524人之多，死亡人数达 2969 人，这是多么庞大的数字。

这也使得有关人士开始关心劳动者的生产环境问题，这让他们知道有多少人生活在这些环境中。如果再加上那些采矿、伐木等行业的话，死亡率更是无法估计。这样我们确确实实地知道，我们忽视了多么重要的事情。

保险公司也曾做过类似调查，仅仅是在美国，每年非正常死亡和身体受到伤害的人高达 150 多万。

我们可能从来不知道，我们现在生活的这个社会死亡数有多么惊人。它已经超过了任何一个年代，就算是远古以前的战争年代，他们每天用弓箭射杀的人都无法和现代战争造成的死亡人数相提并论。

我们现在生存的社会，一直对外宣称自己是多么的民主与和谐，可是，我们却在不停地进行扩军和屠杀。人类在文明的伪装下，不断地实现自己的贪婪和欲望。

我们所谓的正义，却源于大众的私刑。

1882 年至 1900 年，美国大约发生了 3000 例私刑。落后且懦弱的部落统治者没有想到，文明人会用宗教给他们洗脑，用武力威胁他们，用高价将毒品和其他所谓文明但实际有害的东西兜售给他们。

社会环境影响孩子的成长

我们常常只知道说其他民族的不是，可是却不看一下我们自己，我们自己犯下如此大的罪过，却时常被忽视。

我们从来不去关注自己的行为，总是认为自己是文明的，是正确的。可是，事实却不是如此，我们也并非最文明的国度，这一切更像是我们自己给自己编织的谎言。

对于古罗马的角斗游戏，可能对很多现代人来说，那是非常凶残的事情，是不可容忍的事情。可是，在我们现代社会，在所谓的高度文明中，却发生着更加凶残的事情。我们的残暴更多的是突显在道德上的行为，它们已经远远超出我们普通道德观念。

可是，很多人却似乎已经把这当成一件普通的事情，几乎没有人对这样的行为提出质疑。这在历史上是绝无仅有的，不但没有任何的质疑，反而得到了社会伦理的认可。

在当时角斗游戏十分盛行的罗马，很多人都为此进行辩护。其中就有当时极为著名的哲学家西塞罗，他说："如果男人被迫进入角斗场，这对于他们来说是一场血的洗礼，也是一种非常好的训练。"

我们可以这样思考，他们在角斗场中决斗，正是这个男人最终赢得了胜利，他获得了全场的掌声，这是所有人对他的敬意，这个时刻是属于他的。这也启发了我们，当时这样的行为虽然受到了谴责，但是，谴责的声音几乎是微乎其微的。

当角斗游戏被引入雅典的时候，却遭到了极力的反对，尤其是哲学家德谟克里斯，他曾多次在公开场合反对让这种惨绝人寰的游戏进入希腊。他不是孤立无援的，他的呼声一出，便引起很多的回应和支持。

但是，那个时代是很需要那样的游戏，去激发人们的斗志。现如今，我们不应把学校当成唯一的希望所在地。

虽然各大高校使我们相信，每一所大学都应该重视运动，尤其是足球运动。他们认为，这项运动可以帮助孩子得到全面地锻炼，并且可以帮助孩子学会团队精神。

我们人类就如蝙蝠一样，从来没有真正看清自己的行为，并且时时刻刻掩饰自己的罪行。这样，不仅仅掩饰了自己的过错，还得到了别人的赞同。可是，当问题与人类的利益密切相关时，人类就会如亚当一样，无意中流露出自己都没有察觉到的罪恶。

我们都知道一个星期有七天的时间，可是我们有六天的时间都在进行罪恶的行径。无论是政治活动，还是商业活动，我们从来没有停止自己的罪恶。但是，第七天的时候，我们却像变了一个人似的，我们开始祈祷，开始奉献自己的爱心，这些行为真是好笑。

我们每天看报纸时，会发现各种各样的新闻，有很多是对我们的罪行进行谴责的真实报道，还有很多是我们一直不愿意接受的婴儿死亡人数，这些都是那么残忍。

我们每天都可以看到周围的人，对一些事情做出不公正、不合理的判决或者行为。这些都是我们不能容忍的，我们每天看着各种疾病蔓延，各种有失公理的行为。可是，对于我们这可能只是短暂的，因为到了下一刻，我们就会忘记这些曾经的罪恶。

我们的社会是这么罪恶和不堪，可是，我们已经麻木不仁，根本无法对这些罪行形成正确的认知。我们的社会已经是千疮百孔，可是我们依然认为这是文明的，依然认为它是这个世界上最先进的社会，是别人所无法超越的，即便我们可能已经十分怀疑了。

我们看到周围的人一直在传唱各种教会歌曲，歌颂上帝。同时，在另一些场合也是人头攒动，比如足球、篮球、棒球等比赛场上，整个场内人声鼎沸，到处是喝彩声和加油声。

这时，我们才真正地懂得，原来我们一直是崇尚暴力的，所以，我们根本就是暴力的民族，只不过是用文明来掩饰我们暴力的行径，暴力才是我们的真正面目。

我们每天看见的报纸，只不过是反映我们社会问题的一个方面。我们可以在上面看到很多高级金融巨头的名字，也可以看到放高利贷以及借贷者的名字。除了在报纸上，这些信息也出现在杂志上，比如很多名人大家的丑闻。

由此，不难看出，中产阶级将他们的关注点更多地集中在了这些有权有势的人身上，就像最初的原始崇拜一样。

所有的女孩都幻想着自己有一天可以过上衣食无忧的贵妇生活，然而，贵妇就像依附在别人身体里的寄生虫一般，没有任何自由的感觉，只有物质上的满足。

对于男孩来说，他们喜欢运动员的各种技能，却不愿意从点滴小事做起。如果能让他们拥有像运动明星那样的声誉，他们一定欣喜若狂。可是，如果有外星人告诉他们其他星球也有着和我们同样的生命存在时，那么，他们的反应就只有逃避。

» 达尔文思想对教育的影响

在我们这个所谓文明的时代，我们为了获取更多的剩余价值，对孩子都不曾怜惜过。每年，都有超过 170 万的孩子被迫进行工作，他们的身影遍布各种作坊、工厂、煤矿等，而工作时间之长更是让人无法相信。

换一种文明的理解方法，如果我们将贫民窟中的孩子以及被资本家强迫劳作的孩子通通去掉，那么，我们的社会勉强可以算是文明社会。但是，我们是否可以真的就这样眼睁睁地将他们抛出这个世界？难道，这样我们就可以真的实现自己的文明吗？

我觉得不是的，我们这样只是在自欺欺人，我们的文明与旧社会的蒙昧并无区别。

现在的老师，很多仅仅是笼统地教授课本的知识，吹嘘着自己的学问，实际却并没有自己的观点和看法。他们只是在照本宣科，没有任何新意和创造性意义。换句话说，他们根本就不了解教育的真谛。

曾经在 19 世纪的时候，英国历史学家巴克尔曾经预言过文明国度的样子。他认为在那个国家中将不会存在杀戮，所有的一切都可以和谐共处。

在那个世界里，即使是豹子或者老虎都可以和山羊共存，它们之间没有强者和弱者，也没有杀戮。即使是我们人类之间也是如此，各个国家之前不会再有战争，而是和谐共处，而且每一个人都会接受这样的事实。

现在，当我们再重新审视巴克尔的话，就会发现，他说这话太冒失，而且没有任何科学依据。

因为，即使到现在，战争仍然没有结束，各个国家之间仍然有不断的杀戮和武力争端。而且，还有很多战争都是由我们这些文明的国度挑起的，这让我们情何以堪。

所有国家无论文明与否，都没有停止过战争。他们不断地挑选精兵强将，发展自己的军队和武器，并且一次一次地扩大军费支出。所以，我认为战争会永远存在。

现在，教育者更多的是让孩子知道物竞天择，适者生存的道理，让他们知道只有强者才能在这个世界上生存，弱者只可能被消灭。他们是在为战争做掩护，让我们的孩子从一出生就认同他们的行径，并且加入他们。

在这样的教育下成长起来的孩子，他们只会想尽办法让自己变成强者，而不会去同情弱者，甚至会因为打败弱者而流露出一丝笑意。长此以往，他们不会认识到这样的行为是残忍的，然而自己却愿意为此而奋斗一生。

这样，我们的生活将长期处于原始状态，我们不会停止杀戮和战争，我们仍然生活在暴力和掠杀之中，只不过换了一种形式而已。

一些所谓的爱以及和平，可能根本就不会出现在我们的世界中，它们更多的只会出现在有宗教信仰的人的心目中，我们是无法实现的。

因为，我们每一个人已经适应了进化理论。我们需要让自己变得强大，才能打败弱者，让自己生存下来，所以，我们没有同情和怜悯之心，一切可能仅仅是幻想而已。

在进化论的认知下，我们把所有对弱者的同情都抛弃了，因为，我们一旦停留在同情，我们将会被社会所遗弃。

所以，我们必须野蛮起来，这样我们才能强大，才能在这个社会中生存下来，并且最终赢得胜利。这所有的认知，都是在进化论的影响下而形成的。

» 请让孩子认识真实的世界

在我们的身边应该有很多的乐观者，他们认为这个世界充满了生的希望，并且也向大家传递乐观。但是，我想说的是，无论我们是谁，我们都无法改变世界的邪恶面貌。

即便是莱布尼茨，他也只能让自己乐观起来，而无法改变这个世界的真正面目。因为世界本身是邪恶的，我们无论做什么，都掩盖不了它的真面目，我们只能接受。

但是，我认为更为可怕的是精神上的掩盖，这就真的让我们迷失。叔本华曾经说过："当我们可以走进或者代替另一个人的时候，会发现原来他的生活这么恐怖。或者假如你非常乐观，无论是面对战争还是监狱，甚至是刑场，你都不会抱怨，并且乐观面对。但是，当你被送到更加恐怖和黑暗的地方时，你会发现你无法继续乐观了，这一切真的让你无法接受。"

叔本华的认知也有他自己的道理，我们的生活的确存在很多悲惨的事实。如果我们仍然停留在自己幸福的认知中，我想终有一天我们将真正变得不幸。

因为，现实世界本身就不是美好的，这里充满了杀戮和罪恶，我们不可以再继续视而不见。那么，最终受苦的将是我们自己，真正的天才也将会在这样的环境中消失。

曾经一位教授在大学演说中这样讲道："大学的教育目标不是要完成多少硬性指标，而是让学生真正懂得这个世界，并承认罪恶的存在。"

这是正确的，但是我想说的是，这不应该仅仅是大学的教育目标，而应该是我们整个社会的教育目标。只有这样，孩子才能够认识真正的世界，才能够更好地适应这里的一切。

《圣经》中有这么一个故事，我想我们每一个人都知道，就是一个男人偷吃伊甸园的禁果，而被上帝赶出了伊甸园，变成了普通人。

因为，他没能禁得起诱惑，忍不住去采摘上帝的禁果，并最终被上帝发现。当他吃禁果的那一刻，一切都变了，他开始有了良知，不再愚昧，懂得了羞耻。

第二章 什么是真正的教育

» 孩子的优秀源自双亲

小塞德兹有着非常优秀的父母，我是他的父亲，名叫鲍里斯·塞德兹，而他的母亲也就是我的妻子，名叫莎拉·曼德尔鲍姆·塞德兹。

我出生在乌克兰，在沙皇俄国长大，家境十分优越，我的父亲是一位十分成功的犹太商人，所以我的童年生活过得十分富足，并且可以有机会阅读各种书籍。

因为犹太人本身就十分注重孩子的教育，所以我的父亲经常帮助我们学习各种知识，这也为我将来培养小塞德兹提供了一定的帮助。

但是，我十分叛逆，政府明确规定不准许给农民讲课。可是，这条禁令在我这里是行不通的，我仍然去给农民讲课，结果被政府抓住，关进了大牢。

这段时间，我没有任何自由，不管我走到哪里，都会有人跟随，监视我的一举一动。我非常讨厌这样的生活，我几乎失去了自己自由的空间，这样的生活让我窒息，并对政府产生极大的厌恶。

而且，我又是犹太人，这让我更加受到不公正的待遇，我无法再留在这里。于是，在1887年，我毅然离开了这里，来到了美国，希望开始新的生活。

刚到美国的时候，我的生活是非常艰难的，我只能靠打零工勉强维持自己的生活。语言不通是我生活最大的障碍，我开始自学英语，仅仅用了四个月的时间就学会了英语，而且可以很流利地进行交流。

于是，我开始帮助来美国的俄国人学英语，并以此来维持自己的生活，每一个人我收取一美分，这样我就可以维持我的生活了。

在这个过程中，我遇到了影响自己一生的女人，也就是小塞德兹的母亲，莎拉·曼德尔鲍姆·塞德兹。她也是从俄国来到美国，也是靠打零工来维持自己的生活。但是，莎拉并不满足现状，她希望通过学习改变她的命运，实现自己的梦想。

于是，莎拉开始向各个高中递交各种申请，希望可以进入学校进行学习。可是，很少有学校给予她回信。最后，终于有一些学校愿意接受她，她在那里进行了两年的学习，完成了所有的课程。

莎拉参加了大学的入学，并通过了考试，可是，她却被遗憾地告知，他们不接受通过自学的考生进入学校。

这是多么荒谬的理由，但是，莎拉并没有放弃。她找到我，希望我可以教授她知识，我同意了。

在相处的日子里，莎拉渐渐对我产生了好感。她觉得我博学多才，开始对我暗生情愫，我又何尝不是呢？莎拉是我见过的最坚强而且又有上进心的女孩。

恋爱的种子开始在我们之间萌发，也让我们感受到了彼此的温暖。可能是因为我们之间相同的经历，所以，我们就更加珍惜对方。

就这样，莎拉凭借自己的努力终于进入了大学，而且是波士顿大学。她还凭着自己的努力最终获得了波士顿大学博士学位，这让我由衷地对莎拉感到钦佩。因为，在那个年代获得博士学位的女性真的是凤毛麟角，但是，莎拉就是其中一员。

在这期间，莎拉也一直鼓励我，希望我可以报考哈佛医学院，这样不仅对我的事业有极大的帮助，而且我们还可以相互帮助，共同进步。

但是，我对于这些虚无的学位没有任何兴趣，也不愿意去为一张纸而努力。我认为自己不适应那里的规章制度，也不愿意将自己陷入其中。

但是，在莎拉的不断劝说之下，我还是同意了去考哈佛。我是一个天才，我用一年的时间就拿到了本科文凭，硕士文凭也仅仅用了两年的时间而已。

我的才能让很多人钦佩，但是，我不愿意仅仅是为了获取学位而写一篇枯燥的论文。于是，我拒绝写或是向学校提交任何论文，但是，学校经过研究还是将博士学位授予了我。

我的才华也引起了威廉·詹姆斯的注意，那个时候詹姆斯在美国是非常有名的心理学家，也是心理学的奠基人之一。于是，我成为了詹姆斯的学生，开始学习心理学的相关知识。

詹姆斯在美国名声大噪，是因为他发现了所谓的弗洛伊德，因为他专注于研究人类的潜意识，认为通过这些可以进入人类的内心，帮助人类解决内心出现的问题。

我对于这位老师非常景仰，非常喜欢自己的老师，为了向自己的老师致敬，我将自己的孩子起名为威廉·詹姆斯·塞德兹。由此可见，老师对我的影响之深远。

我开始专注于心理学，由于老师的原因，开始热衷于人类大脑内层的潜意识并进行研究，我获得了巨大的成就。

在 1897 年，我出版了自己的书籍《暗示心理学》，这是我写的第一本书籍，我的老师帮我写了书的序言。在这一年，我也顺利拿到了心理学博士学位，我的导师也对我做出了极高的评价。詹姆斯认为，我将会在心理学领域拥有极高的造诣和成就。

的确，在这本书出版不久，我就成了名人，让很多人为之钦佩的名人。

有一点需要明确，我一直认为，对孩子进行早期教育是至关重要的。不要担心过早地对孩子进行智力开发，会对孩子的大脑产生不利影响，我们需要让孩子的大脑得到尽早的开发，这样孩子就可以得到很好的发展。

在 1898 年，我的孩子小塞德兹出生了，当孩子出生以后，我就向世界宣称，要将自己的孩子培养成真正的天才，并将自己的教育理念在自己的孩子身上进行尝试。

» 真正的教育不应存有商业元素

曾经有一位思想家这样说过："如果你是一个心智清醒的人，你会不断地更新自己的知识。同时，会不断开阔自己的视野，完善自己的思维能力。"这位思想家就是约翰·穆勒。

我们必须要了解，孩子的身上蕴藏着巨大的潜能，我们教育的目标就是要将孩子的潜能激发出来。我们为了孩子的成材，尤其是为了培养天才儿童，应该建立完善的教育配置。只有这样，我们才能真正培育出优良的下一代。

穆勒曾经这样说过，教育是造就伟大思想的前提，能让人们从内心热爱和追求真理，从而培养出一大批优秀的人才。

同时，家庭对孩子教育的影响也是不可忽视的，如果家庭教育中充斥着过多利益的纠葛，将极为不利于孩子的成长。孩子只能成为商人，而不是人才。

在美国社会中，有这样一种典型的生活方式。作为有钱人，这些贵妇喜欢购物或者喝下午茶消磨时间。她们的女儿也喜欢出现在这样的场合，并且唱上一曲或者弹几下钢琴。可能她们唱得非常难听，但是，没关系，她们只是在享受这个过程所带来的快乐之感，其他的一切都不重要。

作为父亲，他们忙碌于自己的工作，空闲时，喜欢运动或者玩一些小游戏。很多时候，他们都表现出自己的粗鲁和无礼。他们并不喜欢追求好的修养和知识，他们只是对各种普通事务感兴趣而已。

当听说一个十几岁的孩子，竟然不会读和写，甚至连最基本的知识都不懂的时候，我们可能会觉得十分惊讶。这个孩子到底在干什么，他之前没有去学习过读或者写吗？他们生活在沉闷、闭塞的环境中。

在家庭的教育模式下，孩子成了资质一般的商业人才，而学校为了迎合父母的喜爱，也在教育中融入了商业元素。

穆勒对于大学教育这样说过："上大学无法使一个资质一般的人

变成天才，就好比剑桥大学，每年都会授予很多平常人各种头衔，但这代表不了什么。”

现在美国的学校，到处都充斥着金钱的味道，学生会因为自己在体育和足球方面取得的成就而兴奋和欢呼。他们也没有察觉到，自己的专业课早已埋没在商业化中。

学校并不试图从孩子身上发现一些天赋或者神奇的地方，也不热爱知识，更不会珍惜知识。对于有天赋的孩子，学校会尽可能低压制，并且关注这些学生是否违反学校的纪律，是否按照学校的规章制度严格要求自己的行为。如果发现他们有任何异常的举动，就会毫不留情地把他们逐出学校大门。

学校并不是在对孩子进行教育，他们更多的是在教育的谎言下，进行一场类似于角斗类的争斗。学校所奉行的就是将那些真正的天才学生迁离出他们的群体，因为他们非常优异，与学校的老师相比，吸引了更多的大众目光。

现在我们知道了这些学校的真面目，他们的教学目的就是让那些盖过老师风头的学生离开学校，保存老师的颜面，而驱逐的理由却有千万种。

这真是让人觉得颇具讽刺意味，学校为了维护根本不值得维护人的利益，而扼杀了学生的学习要求，这是多么的可怕。

所以，在我看来，我们现在所运行的教育制度完全不利于孩子的成长，尤其是对很有天分的孩子。学校仅仅是服务于一般的孩子，而忽视了有特殊要求的孩子。

» 真正的教育就是给孩子自由

学校的老师会迫使孩子遵守校规和所谓的传统。在教育男孩时，学校会强迫性地要求他们学习与未来社会实践相结合的课程，也就是赚钱的知识，无论男孩是否愿意，都要去接受。

对于女孩来说，学校也会开设其他的所谓的美学课程，诸如教女孩如何挑选合适的服装、帽子等。

在学校，除了纪律问题外，像篮球协会、足球协会、体育代理公司等组织，都是校方非常重视的。在他们眼中，这些组织可以帮助学校获得利益。

也有很多人认为，如果可以结识这些商业人士，会对他们的未来产生极大的帮助，无论是在事业还是学业上，都有助于自己的成长和发展。

甚至有人觉得，正因为这些组织的存在，使得学校拥有了很好的风气。

所以，学校的存在使很多事情成了可能，比如，学校创造了良好的风气、可以让孩子进行体育锻炼、结识商业伙伴甚至可以赚钱。但是，这所有的一切，却没有一件事是与真正的教育有关，是真正为了孩子的成长和未来发展考虑的。

现在，所有的人都已经认同了这样的教育理念，没有人再对此提出质疑。原本应该造就天才的学校，现在却变成了俗物的培养基地。没有天才出现，有的只是一个个体格健硕的人，这就是我们的现代教育。

这样的教育理念似乎已经蒙蔽了所有人的双眼，学校成了发展体育事业的地方，人们已经不期待学校可以教授出优秀的人才，更不会要求学生会有多么高的文学或者学术造诣。这一切都使我感到失望不已！

在一所大学，有着这么一位很有想法的教授，他对于现在的大学教育理念也是十分头痛，这是他不希望看见的。在这里，很多学生拥有健硕的身体，可他们的思想领域却是一片空白，他们对于文化艺术等没有任何兴趣和想法，他们的爱好仅仅停留在各种运动上。

在家庭教育中，也存在很多问题。现在很多家长认为纪律是最重要的，喜欢让孩子遵守他们的命令，完全不考虑自己的命令本身是否有问题，更不会在乎孩子的想法，这是十分不好的做法。

家长忽视了孩子的内心，只是以一个强者的身份出现在孩子面前，完全不给孩子任何思想的自由，这样的教育完全不利于孩子的发展，而且会给孩子造成巨大的伤害。如果孩子长期生活在这样的环境中，将势必失去真正的自我，失去分析和判断事物的能力。

孩子的个性发展被无情地压制着，孩子的个人意愿无法满足，创造力也遭到了极大的破坏。渐渐地，孩子变得没有自信，意志力也非常薄弱，对于自己是一个什么样的人，也没有正确的认识和判断。孩子的自制力非常差，没有独立思考甚至生活的能力。

在中国古代，有这么一个习俗，在女人长到一定年龄后，就会用布将脚一层一层地包裹起来，这样长期下去，女人的脚就会变形，长成了所谓的“小脚”。

这就像是我们国家的教育，我们长期将教育致力于束缚孩子的思维和意志上，却没有意识到自己的错误。这样培养出来的孩子势必会偏离原来的轨道，甚至扭曲他们原来的判断力，这是我所不愿意看到的。

现在的教育，无论是家庭教育还是学校教育，他们都把孩子设定在一定的规章制度中，让孩子在这个范围中活动，剥夺了孩子的自由。渐渐地，孩子失去了原有的想法，变得呆板、愚昧。

大学也是如此，他们用各种规章制度将学生困在里面，并且还因此而感到满足。他们觉得这是多么伟大的成就，他们让学生都变成了有素质、有修养、懂礼节的人。

我希望大家真的明白孩子，不要再用这个礼法和制度去约束孩子，这样并不利于孩子的发展，他们需要自由和空间，约束对于他们来说，更像是折磨，是无休无止的折磨。

我们可以以另一个事实作为例子，很多人们都知道战争时期的部队和军校，那里的人有着严格的制度和体系，没有任何自由。这是好的教育吗？他们仅仅是用纪律来维持他们的部队和教育，这不是好的。

如果这样就可以称之为好的教育，如果纪律就是教育的全部，那么，监狱和少年管教所岂不是要承担起教育的重任了？

» 教育应该是手工制作，而不是批量生产

我认为孩子的教育是十分重要的，我们应该清晰地了解每一个孩子的特性，并对他们进行教育和培养。首先，我们需要培养孩子的品行，让孩子成为一个善良的人。其次，我们要给予孩子自由，并让其成长为对社会有用之人。这是非常重要的。

对于政党或者宗教，我觉得需要看个人喜好，我对这些都不是很喜欢。因为，这些东西在我看来，更像是政府绑架我们思想意识的工具，所以，对待这些问题请大家谨慎小心。

我们这个社会已经处于罪恶和杀戮之中，所以，我并不认为社会需要压迫人民的暴君，需要无良的奸商。我们也不希望成为被别人控制的工具，帮助别人做一些自己不喜欢的事情。我们真的需要爱，需要给社会注入新的希望，这才是我们真正需要的。

我们对孩子进行教育，不就是因为孩子是社会的未来和希望吗？所以，我们应该将他们培养成有道德、有理想的公民，而不是匪徒和强盗。只有这样，社会才有希望，对于孩子，他们也可以对事物做出正确的判断和认知。这才是我们需要的社会的未来，才是真正的公民。

这些公民，他们明白是非黑白，有自己的主见和认知。当他们面对恶势力的压迫时，他们有勇气去反抗；当他们面对世界时，知道何为正确何为错误。只有这样的公民，才是我们真正需要的公民，才能够帮助社会的发展和进步。

我认为，教育最主要的就是应该教导我们学会承认社会现实，这是重要的。可是，我们目前的教育经常忽视它们，并且不予重视。

同时，有很多不负责任的老师，他们没有对教育给予任何热情，仅仅是为了混日子。他们的教育仅仅是停留在学生能够顺利毕业的基

础之上，没有任何建设性教学方案。

很多教师对于自己的工作更多的是敷衍了事，没有更多的投入和钻研。他们对于每一个孩子都给予同样的教育方法，没有为天才准备他们应该享有的独特教育法，反而给予资质平庸的孩子更多的鼓励和照顾。这样的教育，只会使天才消失。

可是，这些平庸的教育者反而成为圣人，受到广大百姓的尊敬。作为学校的管理者，他们的责任就是为学校选择优秀的教学人才。

然而，他们更多的不是在为孩子着想，而是仅仅因为这是他们的工作。他们每一个人都是抱着这样的态度进行工作，又怎会全心全意地对孩子进行教育呢？

所以，对于学校教育来说，这样的教育是失败的。教师应该具有一定的职业道德，但是，现在的教师是没有任何工作热情的人。

他们对于学生教育仅仅是按照已有的模板就行复制，而不是根据孩子自己的特性进行培养，这样教育出来的孩子又怎会成为天才？可是，对于老师，他们不但没有认识到自己的失误，反而还为自己的行为沾沾自喜。

孩子是社会的未来，我们将孩子交到那些对教育没有任何热情的人们手中，无疑是自取灭亡。他们对于教育没有任何激情，有的只是对教育的憎恨和埋怨，这一切都是那么让我们失望。

他们这些人，仅仅是将教育作为他们获得别人认可和尊敬的手段，他们更多的是在卖弄和炫耀自己，而不是真心要塑造孩子和帮助孩子成为真正的有用之人或者成长为天才。

在他们这样的教育手段下，成长起来的孩子又怎会成为天才？他们没有照顾到孩子的个性化需求，更没有根据孩子的特性帮助孩子的发展。这样的孩子培育出来只可能是玩具，他们没有任何独立行事的能力。

我们似乎从一开始就没有注重过孩子的个性化教育，在学校中到

处都弥漫着金钱的味道，大家都似乎已经习以为常了。可是，这对于教育来说，无异于晴天霹雳。

可是，更令人费解的是他们几乎把企业运营模式完全搬到学校中来，让学校已经成为另一个企业，这是我们想要的吗？可以肯定地说，这样的管理模式并不利于学校的发展。

因为，学校不同于企业，商人经营企业的模式也无法运用于学校的运行当中，这与科学家不可能经营好饭店是一样的道理。可是，我们现在的学校管理者似乎听不到这些言论，他们仍然将这种运营方式运用到学校中去。

许多人也因而对学校进行抗议，可是，并没有任何学校听取他们的意见，他们只会觉得自己这样的做法是顺应时代发展浪潮。

他们不但没有改变自己的做法，相反，他们极为肯定自己的行为，这让我们无法理解。这样的教学方式长期进行下去，对我们社会的发展和人才教育将是极为不利的。

很多人也接受过我们现在的教育模式，我们很清楚地知道，这些教育工作者非常排斥新奇和富有创意的想法。他们压制孩子的想象力，让孩子按照他们的思维模式进行思考，这样的教育不会出现天才，只会教育出一批俗物和庸才之辈。

» 教育理念是需要不断改变的

现在的学生，我们认为他们很平庸。为什么他们没有任何新奇的想法？这主要是因为我们的老师很平庸，老师用平庸的方法进行教育，死守他们认为正确的教育理念，又怎么会教育出天才呢？

我们可以很容易地看到，教师的教学水平一般，像管理货物一样管理孩子，而学校的其他管理人员也非常固执和呆板，不懂创新。

曾经听到这样一件事情，这是在一个教育水平相对不错的环境中发生的。一个小女孩因违反了校规，被老师要求在角落里罚站。当她罚站的时候，可以看出她脸上的不悦与自卑。

后来，检查逃课的老师看到了违反规章制度的小女孩，又不顾她的自尊心，在其他学生面前将她训斥了一通。从此，小女孩的状态一直十分低迷，精神也开始变得恍恍惚惚。父母因为担心小女孩的健康状况，便把孩子带回家中休养。

看到原本活泼可爱的女儿变成这个样子，小女孩的父母非常气愤，他们为了讨回公道将学校告上了法庭。

检查逃课的老师认为自己没有做错，因为他是按照学校的章法做事的，这个小女孩是因为违反了学校的规章制度，他才会惩罚她的。

可是，法官不相信一个孩子会无缘无故不愿意进学校上课，除非，她以前被迫在上课时间离开课堂。

在另一个学校，也发生了类似的事情，一个监管老师让一个天才学生离开了校园，原因仅仅是因为这个学生没有遵守学校的规章制度。

对于班里调皮捣蛋的孩子，很多老师都会想出各种方法对付他们。有一位女老师，为了对付自己班上的两个学生，竟然想到了针垫的方法，这实在是太荒谬了，而她却自以为自己很高明。

还有一位妇人，她的家境非常好，并且将孩子培养得非常优秀。可是，当她想把孩子送到学校读书的时候，却被这里的工作人员拒绝了，他说："不管你的孩子多有才华，我们都不想接收他。"

这位妇人很不解，她想知道原因。那位工作人员被她纠缠得十分不悦，于是，告诉她："夫人，你回去可以称称孩子的体重，他肯定没有一块砖头重。"

同样地，在英格兰也有一所非常著名的学校，这里的规章制度也是极为严格，很多学生都曾违反这里的校规校纪。就在不久之前，校长刚刚开除了一名非常有天分的学生。

他在论述自己开除学生的理由时说道："在学校学习的这段时间，我很遗憾，没有帮助他养成遵守纪律的习惯，导致他违反了学校的规

章制度，而我们也无法再继续留他在这里。”

在一份官方声明中，校长写道：“我们从不否认，他是一个天才，但是，这并不代表他可以在我们学校里藐视一切，任意妄为。对于这个问题，我已经谈论了很多次，我认为我的观点足够明确，我们学校不适合他，他需要找寻新的适合他成长的地方。”

所以，我们可以看出，就连这些所谓的教育专家都认为，学校不适合天才学生的发展。

曾经，一位非常著名的人在一所大学进行演说，他妄言自己可以用尺子测量教育的长度。这是多么荒谬的言论，可是却得到在场所有人的认同，这是多么可笑的事情。

目前，我们检测学生学习情况的唯一标准就是考试和分数，而这个检测过程却又充满各种漏洞，亟待完善。

可是，所有人都已经接受了这样的检测，他们认为只有交出高分的学生才是好学生。“我不这么认为”，詹姆斯教授更加不客气地用“傻瓜行为”形容自己对这种行为的不满。

现在的大学基本上是用一套模式来决定学生的才智，那就是自己学校的规章制度。比如，在我们国家十分有名的一所大学，他们有自己的录用学生标准。

他们通过研究学生合格的“点”来判断学生知识掌握的多少。例如，一个学生逻辑学课程不及格，而另一门选修课的成绩也很糟，但是他通过了“点”的测试，所以仍然被看作是成绩合格的学生。

很多大学会拒绝一些很有才能的学生入校学习，尤其是一些年龄特别小的孩子。他们认为，招收这些学生会违反学校的政策和整个班级学生的利益。

一些大学教授更加荒唐，甚至不遗余力地将天才学生赶出校园。而他们对此做出的解释更让人难以接受，仅仅是因为学生不小心动了一下老师的帽子。

所以，他们为了自己教育规则的威信，而要放弃这些可能改变世界的天才，而理由仅仅是因为他们无法遵守这些制度。

这是学校吗？这真的是培养孩子的学校吗？这更像是一个仅仅为自己利益，而要扼杀学生的商业集团，他们不是为了教育而建立的学校，而是为了利益而开设的学校。

学校实行的是比企业或者工厂更加严厉的制度，这里有着极为严苛的规章制度，而且所有人都没有反对的意见。

在这里，学生一方面要按照老师的意愿培养自己的能力，无论是技术上的还是思想上的。但是，另一方面，学生又不能发挥自己的创造力和奇思妙想，因为这是学校规章所不允许的。

我们现在可以很容易地看见很多商人，以及满嘴谎言的人。可是，真正的有才能的人到哪里去了？他们可能还没有长成，就已经被我们的教育者扼杀在成长的摇篮中了。

现在在学校中任教的老师，多数都是一些智力非常平常的人，他们没有任何能力和超高的智商。无论是在小学中，还是在大学里，这里的教师仅仅是平常人中的一员。我们想想曾经被他们认为是傻瓜或者愚蠢的人，牛顿、莱布尼茨这些都是。

在很多教育工作者的心目中，重要的不是让孩子学会知识以及塑造良好的道德修养，重要的是让他们知道怎么遵守规则，如何让他们成为一个乖学生。这就好像是一个从军校毕业的人所说的，这里有着最好的教育环境和理念。

这是多么可怕啊！因为，我们知道官僚主义的可怕，他们似乎没有任何人性，有的仅仅是服从、服从。如果我们的孩子成为这样一个人，我们会怎样？我们的生活将毫无希望，生活中将充斥着罪恶，这真是我们想要的吗？

现在的国家教育中，存在着大批将规章制度奉为天条的人们，我

们很难改变他们的想法，也无法改变他们。长期这样下去，我们的社会也将如此，变成和他们一样的等级，不再具有超凡的能力，只是一个平庸的社会和国度而已。这样的民族，真的是我们愿意接受的吗？

让我们想象一下，如果一个名校的校长愿意去接受一个年龄幼小的天才，而拒绝一个普通学生的时候，这将多么令人欣慰啊！但是，对于美国社会来说，又会有什么反应呢？

他们无法接受这位校长做出违反规定的事情，他们会反抗并且会对这位校长的行为进行批判。他们认为校长违反了所谓的民主，违反了美国式教育的精神。

但另一方面，我可以肯定地说，把精力放在培养一个很有天分的人身上，要比放在许多平凡人身上更加具有价值。因为，他可能成为数学家或者政治家，给世界带来意想不到的改变。

也有很多人认为，天才是不需要我们给予帮助的。因为，他们是天才，所以他们可以很自然地适应一切。

就好比钟表，普通的挂钟需要我们每天修理或者上发条，但是，精密的计时仪器却不需要我们每天修理，都可以走得非常准确。所以，他们认为天才可以靠自己的能力实现自己的人生理念。

可是，还有另一个问题，我们需要注意，学校并不是一个寻找高智力的集团或者企业。他们是帮助孩子成长和发展孩子潜能的教育机构，这才是他们应该做的。可是，这样却使得很多学生的天分被压制，无法施展自己的才能，更加无法完善自己。

我还要向各位说明，教育仅仅是为了帮助孩子成长，发掘孩子潜能，而不是商人赚钱的工具。我们不应该以学校是否有盈利或者能否实现某些利益、价值为目标。

我们应该将其放在更加远大的目标之下，这样才能保证我们的下一代朝着我们想象的目标前进，才能实现社会的繁荣和富强。

对于幼儿教育，我们应该尝试着唤醒孩子的认知，以及孩子内心的探索欲望，让孩子学会怎么对一个事物表示不满甚至是批判。这才是我们教育工作者最应该做的事情。

对于东罗马帝国的灭亡，一位心理学家曾经这样说过，是因为其领导人资质平庸，所以才会导致国家的灭亡。那我们美国人呢？我们的领导人又有什么作为呢？我们会像东罗马帝国一样，最终走向灭亡吗？我们希望我们的领导人能够有所作为，使美国拥有活力和生机。

我们再看一下古希腊，他们拥有那么多的天才和优秀的文化，但是，最终他们还是逃脱不了被灭亡的命运，这到底是为什么？归根到底还是他们自己本身腐朽的官僚制度和神学纪律。

在这样的制度下，在这样的风气下，古希腊的无数天才被扼杀了，而最终，古希腊也难逃被灭亡的厄运。

现在的美国，就像是当时的古罗马。我们现在把注意力全部放在了规章制度上面，而忽略了学生的个性发展。同时，我们希望建立更加完善的规章制度，不许任何人跨越制度的鸿沟，没有任何变通可言。

这就是我们现在的国家，一切都以规章为准绳，所有人都被要求遵守这些制度和礼节，否则，就会受到相关人员的惩处。这是极不利于社会发展的。

我们不敢想象，可能在未来的某一天，学校真的成为社会工人的输出地，千篇一律的技能，没有任何创新可言。我们的民族也变成了由工厂和学校基地组成的社会组织，学校也可以正式命名为“俗物制造者”。这一切是多么可怕啊，这真的是我们想要的吗？

» 教育不可忽视创新精神

作为家长，我认为大家肯定不会对那些所谓的填充式的教学方法进行认可，更不愿意让孩子仅仅是接受别人的思想意识，我们也不会让孩子去崇拜那些表面上看起来十分绅士的俗物。

我们家长真正要做的，就是帮助孩子找到真实的自我，完善自己的创新意识，这才是我们需要的未来社会的栋梁，我们有责任为他们的未来披荆斩棘、保驾护航。

让我们尝试着去了解孩子，帮助他们激发自己的潜能，并且保护孩子的这种潜能。

精神病理学家曾经描述了一些这样的原则，有所谓的蕴藏、积蓄和存储，这三个方面正是知识掌握的不同阶段。这对教育的发展同样具有重要的指导意义，我们可以在教育行业将其运用。

很多专家表示，幼儿时期是稳定心智以及形成良好习惯的关键时期。但是，现在我想说的是这并非是真理，请家长们不要轻易相信这些话语，这种建议具有一定的危险性。

因为，一个人的精神世界很容易就会被一定的模式禁锢起来，渐渐地失去自主性，从而生活在固定的框架中。如果我们长期让孩子按照一定的思维模式，或者固定模板行事，那么，他很容易就会被限定在一定的框架之内，不会再有自己的奇思妙想，更加不会有创造的能力。

我认为**我们做任何事情都应该多动动自己的脑子，不要一成不变，要善于思考**。只有这样才不会限于框架中，才会有自己的想法和创新意识，才能真正地实现自我，完成自我成长。

我们不应该让孩子墨守成规，更加不应该称赞这种习惯，这样，只会让孩子长期生活在束缚之中，不利于孩子的健康成长和智力发展。

我希望父母给予孩子宽松的学习环境，这样他们可以在没有任何束缚的环境中成长和学习，这才是一个天才成长的重要途径。

孩子是可以适应不同环境的，只要我们大人可以给予孩子这样的机会，他们会在不同的环境中不断地转变自己，并最终适应社会。

我们一定要铭记，千万不要让孩子固定于某一种模式当中，这样对孩子的发展是极为不利的。我们想一下，如果我们每一个人都像一个冰冷的机器，没有任何的认知和意识，以及自己独特的想法。这样的生活还有什么意义？我们的国家还有什么希望？我们完全没有了自己的个性，完全是按照各种规章制度行事。

我们需要明白教育的真谛，**教育并不是让我们养成什么，而是让我们通过对某件事情的认知创造出什么，这才是教育的真正意义所在。**

如果我们仅仅是按照已有的教育模式进行培养，那么社会将没有生机，孩子的发展也将看不到未来。我们需要通过教育，帮助孩子打开心灵的大门，让孩子能够进入其中，并且开始激发自己大脑的活力。

第三章 教育应该从什么时候开始

» 何时才是幼儿教育的绝佳时间

对幼儿进行早期教育，到底什么时间才是最好的？因为早期教育强调“早”字，所以肯定是相对较早的时间，可是到底应该是什么时候呢？

每一个孩子都有自己的特性，自身条件也各不相同，在接受早期教育后，发展的速度也会存在差异。如果我们笼统地制订早教的时间，并不是所有的孩子都会得到有益的作用，相反，可能对一些孩子造成不利的影响。

即使孩子接受了最好的早期教育，我们也无法确保孩子会一直进步，他也有可能会退步。当然，这种退步的原因可能来自先天，也可能是后天因素造成的。

例如，因为疾病等原因对孩子的成长造成了影响。但是，需要指出的是，这些不足是可以通过医学而得到弥补的。

对孩子进行早期教育的最佳时期，我认为是在孩子2岁到3岁之间。因为，这个阶段正是孩子充满好奇的时候，他会对周围的一切都感到十分好奇，他的兴趣爱好也逐渐形成。

如果我们可以抓住这个时间段，利用一切可以利用的机会，及时对孩子进行教育，那么对孩子未来的成长将是非常重要的。

这个阶段是孩子兴趣、爱好的培养阶段，如果我们可以在这个阶段对孩子的兴趣、爱好进行培养，那么，这个爱好将会伴随孩子一生不变。

儿时的爱好将会对孩子的一生产生极大的影响，当他们成年后面对知识或者其他事情的时候，都会表现出儿时的状态，并且全心全意地投入进去。

可是，有些家长可能想，我们不应该在这个时候进行教育，这应该是孩子们享受人生的时刻。但是，这样的想法是不正确的，这个时间对孩子是重要的。

如果我们没有抓住这个时间进行教育，那么对于孩子来说将是可怕的，孩子将没有办法规范自己的行为，也无法找到自己正确行为的参考，甚至有可能走向错误的道路。

» 幼儿时期的教育影响孩子一生

在以前的战乱年代，人类是十分不安和害怕的，一切都是那么的凶残，毫无思想可言。人类在这样的环境中学习，不仅学不到真正的知识，还会使自己走上歧途。

长期从事人类精神研究的我，可以负责任地告诉大家，我治疗了很多的病人。但是，没有一个病人是因为仅仅受到一点刺激而患病的，也没有因为长期地用功读书，而使自己大脑衰竭的病人。

我们一直害怕孩子过度使用大脑，担心这个或那个，怕孩子出现任何一点危险或者困难。可是，我们却不知道，我们正在使孩子错过最佳的早期教育阶段，孩子最需要的是帮助他们开发智力。

我们忽视了对孩子兴趣的培养，也没能培养孩子热爱知识的兴趣。当孩子长大了，一切都已成定局后，我们又强迫孩子学习各种知识。

不久后，我们就会看到一个精神崩溃、身心俱疲的孩子，这是我们所有人都不愿意看到的事情。

如果一个明智的家长，并没有忽视对孩子的早期教育，而是帮助

孩子去慢慢地开发智力，帮助孩子成长，这对孩子将是受益良多的。孩子的大脑将会像身体其他器官一样，不断成长和完善。

我们家长应该怎么做呢？

其实，很简单，就是让孩子自由地接受周围的一切，渐渐地培养孩子的爱好，不要强迫孩子学一些东西，让孩子自由选择。

如果在孩子小的时候，就让他有强烈的学习兴趣，那么，孩子长大后将会自然而然地爱上学习，愿意让自己投入到学习中去。同时，他们也会在学习的过程中找到自己的兴趣点。

这样，孩子无论是在智力发育上，还是身体健康上都会发展得十分完善，并且将远远优越于没有进行早期教育的学生。

那些没有进行过早期教育的孩子，他们似乎像动物一样，生活在人类原始状态，没有任何智力因素。相反，进行过早期教育的孩子，他们的内心有着强烈的获取欲望，这是他们想要获得的。他们无论是在心智上还是身体上，都表现出超乎常人的优越。

这样，无论是对于孩子将来的学习，还是未来的工作，都会有极为重要的帮助。孩子会展现出热忱和活力，什么都无法成为他们的绊脚石。他们很容易接受新的知识，疾病也会远离他们，他们的生活非常幸福和快乐，没有过多的烦恼和忧愁。

这样，等到孩子十多岁的时候，你会发现孩子同样很容易接受新的事物，并且他们的智力超乎常人。有的孩子这时候甚至可以达到硕士生的水平，大家不要觉得不可思议，因为我就是接受这样的教育走过来的，这是正确的教导方法，也是可以做到的。

同时，从另一个方面看，我们的孩子将进入学校开始漫长的学习生涯，我们不知道什么时候会结束。孩子每一天都要学习，我们将金钱给予那些平庸的老师。你有没有觉得不值得，甚至想要开始节省开支？

我想说的并不是我们不愿意在孩子的教育上付出，而是希望可以更快捷地培养孩子，让孩子自己掌握学习的技能。

我举个例子，这有一个小男孩，他和一般的小孩子不一样。他非常优秀，并且非常喜欢学习，无需我们指导，他自己就可以投入到学习的海洋中去，并且获取自己想要的知识。

男孩的父母都没有管教过孩子，他们给予孩子自由的学习空间，让孩子自己从中找到自己想要的兴趣点，而孩子对此十分投入。

一般这个年龄的孩子，还在学校里做着各种功课，一边做一边不停地抱怨。但是，这个孩子已经进入了大学，开始让自己畅游在天文地理的海洋里。他对周围的一切都充满了热忱，并且乐此不疲地游览其中，获取自己感兴趣的知识。

他的兴趣点十分广泛，很多很深奥的书籍，他都可以倒背如流，就好像《伊利亚特》以及《奥德赛》等书籍，他还博览群书，许多书籍不仅可以读，而且还可以分析出作者当时的心态和感觉，这是多么了不起的。这些书籍他读起来非常自如，没有任何难度，水平已经远远超过了很多硕士生。

» 潜能开发不应晚于 1 岁

我对孩子有着极大的期待，我希望孩子能够健康成长，成为社会的有用之才。我希望自己的孩子可以在德、智、体、美、劳这五个方面全面发展，这就是我一直信奉的天才教育。

我认为只有一个人有着超乎常人的智慧，和无私奉献的精神，才能为人类社会做出贡献。同时，这个人可以发现社会的不公正和弊端，并且带领广大群众克服这些问题，促进社会的整体进步。这就是我一直希望的教育所塑造的人才。

于是，在小塞德兹将要来到这个世界的时候，我们就已经开始为他张罗一切了。我和莎拉一直在布置孩子的房间，我们将房间弄成了五颜六色，并且把很多图书摆放在这里，房顶上挂满了各种形状的积木。

我们认为这些事物有助于孩子提高智力，并且孩子会非常喜欢这

样的环境。当小塞德兹进入这个房间以后，我们看到了不可思议的事情，他笑了，并且十分喜欢这里。

我每天给小塞德兹放不同类型的音乐，就是希望他在这样的过程中感受不同的声音。我发现了小塞德兹对一种声音特别喜欢，这非常神奇，让我们不由和发出感慨。

我认为每一个人都有自己的潜能，但是，并不是所有的人都可以将这些潜能挖掘出来。天才就是将自身所具有的潜能挖掘出来，才成为天才的。而我们平凡的人，却没有在适当的时机对我们的这些才能进行发掘。

只要我们可以在正确的时间对孩子的智力进行开发，那么，我们的孩子极为有可能成为未来社会的栋梁之才。

可是，仅仅只有很少的一部分人注意到了这一点，更多的人是对孩子的教育采取忽视的态度，这样我们也就错过了孩子的绝佳教育时间。

我认为一个人的最佳学习时间应该是在 1 岁之前，这个时候如果可以很好地开发孩子的智力，那么孩子将会表现出超凡的能力。

在孩子 2 岁以后，是孩子形成良好逻辑性的关键时期，但前提是孩子已经掌握了很好的语言。

孩子只有可以很好地表达自己，才可以建立起自己对外在事物的逻辑性。如果孩子没有掌握好语言，就想让他形成逻辑性思维，这对于孩子来说是有难度的。

我和莎拉在教小塞德兹学习说话的时候，会结合周围的环境。我们不会随意说出某些单词，而是通过周围的事物，说出一些词汇，然后再解释给小塞德兹听，这样，他就可以很容易地了解这些单词的含义。

莎拉十分喜欢带着小塞德兹到窗边去看月亮，小塞德兹也十分喜欢看。每次看的时候，小塞德兹都会伸出自己的小手，希望自己可以触摸到月亮。

有一天，小塞德兹又去看月亮，可是，这次月亮并没有出现在之前的位置上。小塞德兹开始彷徨并且迷惑，不知道月亮为什么会跑。但是，他已经爱上了看月亮，几乎每一个晚上，他都会在窗户边观看月亮。

莎拉看到了小塞德兹十分喜欢看月亮，于是告诉他“moon”这个单词，并反复地在他耳边重复。小塞德兹似乎也明白妈妈为什么一直重复这个词，他知道“moon”代表月亮，他也学会了月亮的发音。

孩子的年龄还小，如果我们仅仅是告诉他，什么东西怎么发音，孩子是无法理解这是什么意思的。所以，我们需要让小塞德兹处在那样的环境中，当他十分兴奋地投入以后，我们再告诉他这是什么，小塞德兹便会学得非常快。

我的这种方法是参考了《卡尔·威特的教育》这本书中所讲的一些理论。在如何教授孩子语言的时候，书中讲了老威特让小威特掌握语言的方法。

那时候，小威特还十分幼小，但是，他对老威特的手指却表现出极大的兴趣。于是，老威特就经常在小威特的面前摆弄自己的手指。

小威特十分高兴，当他抓住手指的时候，老威特告诉他，这是“finger”。就这样，长期下去，小威特似乎已经知道了自己抓的这个东西叫手指，并且知道了这是父亲的手指。

在这样不断反复的过程中，终于从小威特自己的嘴里说出了“finger”这个单词，这是多么令人激动的成就。

这也给了我们新的认知，在对孩子进行教育时，我们不应该盲目地教授孩子知识，而应该结合周围的环境，让孩子可以真正地明白单词的意思，这样才能更好地帮助孩子认识这个单词。

我在对小塞德兹进行教育时，也是按照这样的原则。我不喜欢教他那些十分枯燥的词汇，因为这些词汇太难了，小塞德兹根本很难记住。我喜欢结合周围环境，教他学习语言。

我之所以这样做，是为了更好地教育小塞德兹。只有掌握了必要的语言知识，才能更深层次地发掘孩子的其他能力，比如对事物的判别能力，对艺术或者美学的感应能力，这才是我们要挖掘的孩子的真正能力，也是教育的真谛所在。

为了更好地教育小塞德兹，莎拉辞去了她的工作，将所有的心思都放在了孩子身上。当时，很多人认为她不值，认为她不应该放弃自己的工作专门在家照顾孩子。他们认为，女人不应该为了孩子牺牲，应该出来工作，这些思想主要是受到当时盛行的女权主义的影响。

但是，莎拉却有着不同的认知，她认为，小塞德兹的教育要比她自己的工作更加重要，莎拉并不认为，自己为了孩子放弃工作，就是愚蠢的做法。

为了让小塞德兹感受到自己没有被抛弃，在他仅有 5 个月的时候，我就让他和我们同桌吃饭了。但是，由于小塞德兹的身高问题，当他坐在凳子上时，身体还没有桌子高。于是，我们便给他买了一个很高的椅子，这样，就可以让小塞德兹上桌吃饭了。

这时的小塞德兹还是一个婴儿，他不会说话，更不会走路。但是，他可以很安静地坐在这里吃饭。当莎拉给他勺子的时候，他似乎知道这是用来喝汤的，于是，便试着将勺子放到自己的嘴里。

可是，由于小塞德兹还非常小，双手也不够灵活，没有办法将勺子放入自己的嘴里。他为此十分懊恼，在他把勺子送往嘴的过程中，经常会戳到自己的耳朵或者脸，有时候甚至打到了自己的脑袋上。

但是，小塞德兹并没有放弃，他一直尝试着，希望可以将勺子送到自己的嘴里。在经历了很长的时间以后，小塞德兹终于做到了。于是，他发出了呼喊声。莎拉还以为小塞德兹受伤了，后来才知道，原来这是小塞德兹在表达自己内心的喜悦之情。

我们的家境原本并不富裕，小塞德兹的到来更加重了我们的负担。莎拉没有了工作，全家人就靠我的工资勉强维持着生活。

但是，莎拉非常节俭，在保证全家温饱的前提下，她竟然存下了将近 20 美元。这些钱是准备购置过冬的棉衣用的。但是，当她看到小塞德兹这一切的进步时，她改变了自己的想法。

莎拉仅仅用了 50 美分，买了一些棉花和布料，自己做过冬的衣服。她用剩下的钱给小塞德兹买了很多积木、字母块、书籍，希望这些东西可以帮助小塞德兹的智力发育，让他快乐地成长。

就这样，我和莎拉开始用这些字母块和积木帮助小塞德兹学习。我们担心小塞德兹可能对一些深奥的词汇无法理解，所以就从一些他已经掌握的词汇开始教起，希望可以让他明白这些积木是如何运用的。于是，我们堆成了门和月亮，告诉小塞德兹这是“door”和“moon”。

渐渐地，小塞德兹很快明白了这些词的意思，并且了解了更多的词汇。小塞德兹每天都很喜欢在地上摆弄各种积木和数字块，并且摆的满地都是。这些积木和数字块，不仅让他掌握了很多词汇，还让他学会了很多数字。

所以，莎拉感到十分欣慰，她不喜欢去破坏孩子的成果，喜欢让小塞德兹在地上摆出各种单词。除非有客人来到，她才会将小塞德兹的积木收起来。

» 尽早开发孩子的语言潜能

当小塞德兹一岁多的时候，就已经开始去拿着报纸进行阅读了。但是，这时候的他仅仅只能进行简单的阅读，因为他还没有更多的知识积淀。

小塞德兹拿着一份报纸，摆在自己的面前，不是在看新闻，而仅仅是在这些句子中寻找一些自己认识的字，或者说是在字的海洋里寻找相识的面孔。

在小塞德兹两岁的时候，才算是开始了读书。这时候，莎拉给小塞德兹买了很多书籍，放在他的房间里，希望他可以阅读。

小塞德兹也没有辜负莎拉的期望，他很认真地看着这些书籍，阅读里面的内容，当他有什么不懂的时候，就会立刻跑去问莎拉。如果莎拉也无法解释这个问题，他们就会一起去查百科全书，去那里面寻找答案。

日子一天一天过着，突然有一天，小塞德兹跑到莎拉的房间里，兴奋地告诉莎拉，他以后再也不用莎拉帮他查了。看到莎拉一脸疑惑的表情，小塞德兹告诉她："我自己会用百科全书了，我自己知道怎么从里面找答案了。"

就这样，莎拉慢慢地减少了回答问题的次数，小塞德兹也很少问妈妈了。

可是，在小塞德兹三岁的时候，发生了一件不可思议的事情。

通常，在那个时间，莎拉会在厨房做饭，而小塞德兹则会一个人在外面玩耍。

可是，莎拉在做饭时，却听见书房传来一阵打字的声音。她非常诧异，因为这个时间我并不在家里。于是，她走过去一探究竟。

眼前的情景让她大吃一惊，甚至不敢相信自己的眼睛。因为，在那里打字的是儿子小塞德兹。她不愿意去打断小塞德兹，而是在一旁静静地观看着他的一举一动。没多久，小塞德兹拿着打好的字，让莎拉看。

上面写着这么一句话："我可能已经100多岁了，因为我像爸爸一样会打字了，所以，我应该很老了。"

小塞德兹得意地问妈妈："妈妈，这是我打的字，你觉得好不好啊？"

莎拉的脸上满是吃惊，因为她还无法相信现在发生的一切，她一个劲地点头，对小塞德兹的行为表示肯定。

但是，莎拉不解地问小塞德兹："告诉妈妈，你是怎么够得着这个打字机的，并且打出这些话的？"

小塞德兹一本正经地回答妈妈："我把我的高脚椅子搬了过来，

这样我就可以够着了。这句话是我随便想的。”

莎拉非常高兴，小塞德兹看到母亲脸上的表情，也表现出了自己的兴奋之情。

当我回来的时候，小塞德兹兴奋地跑上前去，希望我可以看到他的作品。

我很诧异，不知道小塞德兹为什么这么兴奋。当我看到小塞德兹自己打的那些字的时候，我惊呆了，一个劲儿地问：“这真是出自你的手吗？真是你自己写出这样的话语的吗？”小塞德兹和莎拉一起点头，表示了肯定。我非常兴奋，一直在赞赏小塞德兹。

小塞德兹在得到我和莎拉的肯定之后，内心流露出了无比的喜悦。

同时，在语言方面，小塞德兹也有着极高的天赋，这很大程度上取决于我在他很小的时候，就对他进行语言方面的指导。

很多人看到小塞德兹在很小的时候，就可以读书和打字，觉得很不可思议。那么，我再给大家说一件更加不可思议的事情。

有一天，我从芝加哥出差刚刚回到家中。因为，还有一些公事没有谈完，所以，我和我的同事们仍然在客房中进行商议。

就在这个时候，小塞德兹走了进来，像个小学究似的，一边走路一边环视着四周。这时，他开始了发问：“请问你们中间，有谁会拉丁文的？”

这时，我的一位同事点了点头，表示他懂一些。于是，小塞德兹很兴奋地看着我的同事，说：“我读一些，你听听正确不正确。”

说完，小塞德兹便大声朗读起他手里的那本书，那是《高卢战记》，是凯撒大帝所写的。他朗读得非常流利，让我们所有人都为之振奋。

然后，小塞德兹看着我的同事，同事当时的表情十分惊讶，他甚至不敢相信自己的耳朵。他对小塞德兹说：“你念得非常棒，叔叔真不敢相信，你可以读得这么好，叔叔都没有你读得好。”

小塞德兹笑了，并很高兴地说："这是妈妈的书，我自己拿来读一下。"然后，他转向我："爸爸，我读得怎么样啊？"我已经不知道如何表达自己当时的心情了，我从来没有想过小塞德兹可以读这个，我笑着点了点头，表示了肯定。

就如小塞德兹所说，这本书是莎拉的，这是她学习拉丁语的书，她将这本书遗忘在桌子上，被小塞德兹看见了。他被这本书所吸引，并且想读懂它，他一手拿着词典，一手拿着这本书，一个词一个词地读，就这样慢慢地学会了怎么读拉丁文。

过了几个月，小塞德兹在我的书柜上不停地翻着，这时，一本他从来没有见过的书籍映入他的眼帘，那是著名思想家柏拉图的著作。小塞德兹十分兴奋，拿着它爱不释手。他问我："爸爸，我可以读这本书吗？"我同意了，并且点点头。

当翻开里面的内容时，他惊呆了。因为这些字符他完全不懂，他不知怎么办。跑到我的房间，问："爸爸，这是什么文字啊？我看不懂。"我告诉儿子，是希腊文。小塞德兹学习的欲望又被点燃了，他问："我想学，可以吗？"我同意了。

在我的帮助下，小塞德兹很快便学会了简单的希腊字母。随后，我给了他很多关于希腊语学习的书籍，渐渐地小塞德兹自己很好地掌握了希腊语。同时，开始阅读古希腊诗人荷马的书籍，真是让人钦佩。

因为，莎拉和我对希腊语的了解并不是很多。也许我可能了解的稍微多一些，但是，让我用希腊语做研究仍然是十分困难的。但是，小塞德兹却将希腊语掌握得很好，这让我们都十分惊奇，钦佩他的语言学习能力。

小塞德兹在学习了希腊语之后，又自学了法语、俄语、亚美尼亚语等多种语言。这些语言虽然没有希腊语那样流利，但是，已经十分让人佩服了。

渐渐地，很多人都知道了小塞德兹是一个神童，慕名来看他的人也越来越多。其中，也有很多记者，其中一位记者这样写道：

“在一个宾馆中，我看见了这位神童，他的很多习惯是异于常人的，他的专注能力更是我们一般人所无法比拟的。当他吃饭的时候，他经常会注意到有哪些菜还没有上。如果他发现哪些菜没有上，他就会非常焦躁，甚至愤怒。”

“对于侍应往他房间送早餐的时间，他也要求得非常严格。有一次，侍应 7 点 45 分去他的房间送餐，但是，餐盘上的送餐时间写的是 8 点到 9 点。于是，他十分愤怒地朝侍应怒吼，并且要求他们拿回去，8 点以后再送过来。”

“可能他真的十分专注于某些事情，当一些事情违背了他的意愿，他便无法忍受。当他集中心思在自己的问题中时，他会忽视所有的一切，当你希望他可以用其他语言数数或者说话时，不要用命令的语言。”

“你应该表现出自己的无知，将自己的身段放下，那么他就会很乐意在你面前，表现他的才能，告诉你应该怎样用其他语言说这些内容。”

对于孩子的教育，我一直希望孩子可以全面发展，所以小塞德兹不仅仅是语言能力突出，他的其他能力也非常卓越。但是，我和莎拉并没有那么多的时间教导他，多数时间都是他自己学习。

在小塞德兹 3 岁的时候，邻居家的施特劳斯夫人特别喜欢把他叫到自己的家里。因为小塞德兹总是可以给大家带来快乐，所以，大家十分喜欢他的到来。

他们经常喜欢做的一个游戏，就是他们说出自己的生日，然后让小塞德兹来算一下那天是星期几。比如说一个人的生日是 1880 年 3 月 11 日，然后让小塞德兹算出那天是星期几。对于我们普通人来说，这是十分困难的。但是，小塞德兹可以很快地算出那天是星期四。

小塞德兹是怎么算出来的呢？因为我的书架上有一本书，就是教人如何用心算进行计算的，小塞德兹就是看了这本书以后，才掌握了这种能力。也就是因为小塞德兹这种异于常人的能力，才使得他每次都成为众人的焦点。

» 建构孩子的精神世界

孩子的精神世界是值得我们大人注意的一个问题，因为这关系到孩子未来的生活和成长。就像孩子在一出生就应该注射各种疫苗一样，我们也应该为孩子的精神世界注射疫苗。

我认为，孩子内心的精神建构，最重要的就是让孩子获取知识的积淀以及建立自身的评价体系。这两个可以帮助孩子真正地建立自己内心的精神世界，帮助孩子对世界形成正确的认知，以及如何对社会的现实做出自己的判断和建立内心的意识。

他们仅仅是孩子，没有任何能力来抵御外界对他们的精神世界带来的威胁。精神世界有很多危害孩子内心的事物存在，他们没有抵抗能力，很容易受到外界因素的影响，而使内心变得脆弱不堪。

这对于孩子的成长是不利的，这样长期下去，孩子极有可能会感染各种心理上的疾病，我们需要帮助孩子拥有坚强的内心。

如果孩子的内心没有得到很好的发展，那么他们将很容易被外在的一切所迷惑，没有自己的独立思考能力，变成一个社会的依附品。

无论是在政治上的事件还是宗教信仰上，他们都将可能变成一个普通的追随者，因为他们没有自己的正确认知。这一切对于他们来说，将是巨大的灾难。

帮助孩子的心理成长，让孩子成为一个有独立人格的个体，帮助孩子建立强大的内心世界，应该被我们所重视。但是，这些现在仅仅是在心理学上被广泛运用，我们的教育系统却已经缺失了这方面的能力，没有任何课程或者教师是帮助孩子内心的。

在社会中，教堂曾经也是给予我们内心安慰和帮助的地点。但是，现在这些能力也渐渐消失，并都已经转移到了心理医生或者精神医生那里。

我们希望这些医生可以帮助孩子的成长，并且可以将其带入学校的教育中去。因为，这些医生拥有敏锐的头脑，他们的大脑思维是先进的，而不是落后而愚昧的，只有这样的人才可以真正帮助孩子建立真正的内心世界。

反观，学校的老师们，他们更多的是用面具掩饰他们内心的慌乱和无知，让我们实在无法认同他们的教育理念和观点。

这样，他们也将逐渐失去他们在我们心目中的地位，他们将会得到学生的蔑视。只有那些真正懂得学生内心想法的医生们，才可以真正地帮助学生，并且让我们的民族也看到了未来的希望所在。这个世界需要真正有能力的人出现，这样我们的社会才有希望。

所以，这些精神科医师们让我们看到了希望，让我们真正明白了世界还是可以被拯救的。他们承担民族未来发展的责任，这无论对于他们还是我们都是有利的。

我们希望医生真的可以将他们的毕生所学全心全意地运用到学生的教育之中，实现国家的富强和繁荣。因为，我们内心十分坚信，学习精神科的人内心不会盲目迷信，他们可以感化周围的人们，让人们从惊恐和无助中走出。

» 关注孩子的内心伤痛

根据我多年在精神科工作的经验，孩子之所以会产生精神上的疾病，这和孩子的早期教育有着莫大的关联。

所以，孩子所表现出来的异常，很多时候都是由于儿时教育的缺失造成的。可能，大家对此仍然有些怀疑和不解，那么我给大家举一些真实的例子，大家就可以很清楚地了解。

曾经我治疗过这样一个病人，他是一位男性，那年他仅仅 26 岁，

但是，他因为有严重的心理疾病，也就是抑郁症，而无法像正常人一样生活和工作。他经常会感到十分害怕和恐惧，甚至有窒息的感觉，他感觉痛苦不堪，夜夜无法入眠。

这位病人的症状我就不再进行详细论述了，但是，有一点需要提出的是，这个病人的内心经常会有一些意念中的神鬼出现，给他造成极大的恐惧。这些东西具体是什么，我也不太清楚，但是，可以很清楚的是，他受困于自己内心的一些事物。

为了查明思想的来源，我试图通过催眠进入他的大脑。这时，我可以很清晰地感觉到他的思维和他因为什么而害怕的。原来，在他小的时候，他曾经看到一个发疯的女人，这个女人的行为对他造成了极其严重的影响，并且一直停留在他的脑海里。

还有一个病人，也患有重度抑郁症，她的丈夫是一个牧师。这位女士的丈夫告诉我，她一直生活在恐怖和不安中，时时刻刻都在害怕，害怕周围的一切会给自己造成灾难。

为了寻找原因，我也利用催眠的方法进入了她的大脑，我发现了原来她也是因为小时候的经历，才遭受到了这么巨大的灾难。

原来，她在很小的时候，也曾经看到一个疯女人发病的样子，这让她非常恐惧和不安，那个女人的形象一直在她的大脑中挥之不去。

她成年后，直到她的孩子降临到这个世界，她仍然想着那个疯女人，她害怕精神病，担心自己的孩子也有那样的疾病。于是，她每天都生活在惊恐之中。

从这位妇人的情况，我们可以很清楚地看到，幼时的事情对人的一生都会产生极其重大的影响，尤其是可怕的经历会使孩子患上精神疾病，这都需要我们予以重视。

还有一个病人，她的命运更加悲惨，可能因为父母职业的原因，她一直认为这个世界上存在神灵以及鬼怪。所有的这些事情，无论是传说还是谣言，她都非常坚定地认同，因为她的双亲都是牧师。

所以，尽管是我们一般人都不相信的传说，她也会信以为真，而且极度害怕违背了神灵或者上天的指示，做了错事。她一直生活在自己的恐惧之中，非常痛苦和不安。

当我将她催眠之后，我清晰地听见她所描述的世界，她诉说着自己曾经听到的一切，描述着地狱的可怕，她整个人充斥在恐怖的环境中，内心根本无法像正常人一般做到平静如水。

甚至许多没有结局的故事，都让她陷入恐惧之中，她经常会问一些没有定论的事情，并且还会因此陷于恐惧和害怕之中。

那时，她已经彻底失去了孩子本应具有的快乐，她没有快乐，留给她的只是痛苦和黑暗的折磨，以及地狱的可怕描述。

但是，这仅仅只是开始，当她 11 岁的时候，发生了一件彻底击垮她心灵的事情。一个孩子知道她非常害怕和畏惧鬼神，于是，便用此来吓唬她。

于是，她再也支撑不住了，她的心理防线彻底被击垮了，她再也无法走出自己的精神世界，变得精神失常。

一个孩子就是因为父母从小灌输的意识，让孩子彻底陷于其中，无法将其从中救出。我们应该重视孩子的心理教育，尤其是幼儿时期的心理教育，因为，它对孩子的影响将伴随他们一生。

教育孩子是越早越好吗?

我希望各位父母可以真的关心孩子的成长，让孩子可以健健康康地成长。我们需要明白早期教育对于孩子的重要性，请各位家长牢牢地记住这一点，让我们的孩子可以真正幸福快乐地成长。

我所说的话语并不是在命令各位，而是希望各位真的可以重视起我们的孩子，让孩子可以有一个快乐的童年。同时，我也不是针对任何教育界的从业人员，也没有对他们进行任何的要求。

因为，在我看来，他们的眼中只有利益，我看不到任何希望。对于那些所谓的教育从业人员，我并没有任何奢望。之前这些人员在我们面前说过，他们会尝试新的教学理念。可是，事实上，他们没有做到，我们的孩子还是什么都没有学到。这些教育机构不但浪费了我们的金钱，还使我们的孩子陷于困境，让我们无法再相信他们。

对于家长，孩子是我们的孩子，我们需要帮助孩子成长，只有这样我们的孩子才能适应这个社会的一切。孩子需要我们，需要我们给予他们帮助。

通过现在的教育制度，所表现出来的状态是，学校不可能培养出真正的天才，这是没有任何争议的。在学校的教育下，孩子仅仅可能成为没有任何希望、循规蹈矩的平常人，他们不会有出奇的想法。

我坚信这一点，并在小塞德兹出生后就实施自己的教育计划，尽可能使他身上的潜能发挥出十成。而且，我还不厌其烦地向其他人宣传自己的这种观点，希望他们能对孩子早一些教育，多开发出孩子的潜能。

因为我知道，孩子身上潜能的递减法则，而且我十分清楚，孩子从出生到三岁这个时间段，是最重要的时期，实施科学的教育特别关键。

在这个时间段之内，孩子的大脑对周围刺激的反应，与其他年龄段不一样，能够不加理解地把外界的东西全部拷贝到大脑里，吸收能力强得惊人。

举例来说，孩子在几个月大小的时候，就能辨别人的面孔，知道了认生，除了母亲及亲近人之外，不让其他人抱自己。

这不是因为孩子记住了一个人的五官特征，而是经过反复观察，把经常看到人的整体面貌，原封不动做了一个“模式”，拷贝到了脑子中。

作为父母，应该利用好这个时期，对孩子实施“模式教育”，“硬灌”一些必要的知识。

我认为，**这时候给孩子灌输知识，主要应该包括这两方面：一是向孩子输入智力活动的大脑基础模式，比如语言、音乐、文字、图形、**

数学等。二是给孩子输入一些人生的基本准则，以及做人应有的态度、品德。

在孩子三岁之前打好这两方面的基础，我认为他将来肯定能做出一番成就。

可是，当时流行的教育思想，是从孩子六七岁时才进行教育，大多数人对此深信不疑。再加上，对孩子进行早期教育，表面的效果不明显，不容易让人相信，因此许多人都不赞成我的这个观点。

第四章 如何培养孩子的优秀品质

» 教育孩子要诚实守信

诚信是每个孩子的立身之本。一个不讲信用不诚实的人，必然从欺人发展到自欺，他的人生必定是可悲、可恨又可怜的。

诚实守信，历来是人们最看重的品质。父母都希望孩子养成诚信的好习惯，但是孩子却偏偏言行不一，答应得好好的事情，却轻易地反悔，让父母头疼不已。

我认为，出现这样的情况，一般小部分是孩子的原因，大部分的责任则在父母。因为许多父母没有教孩子认识到诚实守信的重要性，而且自己先对孩子不信守承诺在前，甚至于把孩子撒谎当成一种才能去炫耀。

我认识的一位熟人，他的孩子养成了撒谎的习惯，若说责任完全在他身上，一点都不为过。

有一天，我在路上遇到他，闲聊的过程中，他得意洋洋地对我说："我觉得我的儿子长大后，一定能当个大政治家！"

初听此话，我有些不以为然，因为他的儿子我见过，是个小胖子，平时特别贪玩、爱吃，学习成绩却是一塌糊涂。这样的孩子长大后能找到工作就算不错了，哪有能力去当政治家呢？但后来又一想，或许最近一段时间，小男孩知道了努力，能力大有长进，也说不准。

因此，我问："孩子是不是掌握了特殊的技能，或者其他方面表现出过人之处？”

“哈哈，你猜对了！”他大声笑着说。

“能说给我听听吗？”我越发好奇，紧接着追问。

“我的儿子，昨天偷吃了我老婆放在橱柜的鱼，为了避免被妈妈发现批评自己，他吃完之后，就把鱼刺放在我家小猫的旁边。我老婆回家后，发现小猫正在舔鱼骨头，真的就认为是猫吃了鱼，还拿笤帚打了它。你说我这可爱的儿子，多么聪明啊，将来当个大政治家，绝对有门。”

听了此话，我虽然没有言语，但心里却对这位孩子的父亲嗤之以鼻。本来孩子不诚实，是个很大的缺点，可是在这位父亲眼里，竟然把它当成一种能力来炫耀，可想而知他自己也是个不怎么诚实的人，而孩子在父亲的这种影响下，怕是这辈子都难以做个诚实的人了。

孩子的不诚实行为并不是天生的，他们这样做都是有动机的，例如为了避免惩罚，避免受批评，总之是为了给自己避免麻烦。他们自己也清楚地知道，这样做是不对的，但是意志力、自制力不够导致他们行动力不够。

虽然，大多数父母并不希望自己的孩子将来成为一个爱撒谎、不信守承诺之人，但在生活中，父母总是有意无意地做出失信于人的事或者经常撒谎，孩子看在眼里，不知不觉中就会变得有失诚信。

为了让孩子从小诚实守信，父母不应该过于要求孩子。当孩子在一个家庭里不需要撒谎就可以得到自己需要的东西，他当然会选择做个诚实讲信用的孩子。如果对孩子要求过于苛刻，他需要依靠欺骗才能得到自己想要的东西，他要学会诚信当然会难一些。

因此，父母若想让孩子做个诚实守信的孩子，一定要让他先认识到这种品质的重要性，而且还要以身作则，给孩子做出个表率才行。

想让孩子诚实守信，父母应该给予帮助和指引。首先父母自己应该给孩子树立一个诚信的好榜样，无论对孩子还是对他人，父母都应该诚实、守信用，让孩子从父母的行为中感受到诚信的魅力。

另外，父母应该经常给孩子灌输诚信的意识，让孩子意识到诚信的价值和意义，让这种意识时刻影响孩子的具体行为。

随着小塞德兹逐渐长大，我便用行动告诉他，应该怎么去做一个诚实守信的孩子。

有一次，我和小塞德兹约定第二天要去森林观察蜘蛛，看它如何结网。

可是，第二天却下起了蒙蒙细雨，我觉得下雨去森林路不好走，而且小塞德兹又小，不打算去了。

这时候，小塞德兹穿上雨衣，手里拿着雨伞走到我面前问：“爸爸，现在可以出发了吗？”

听小塞德兹这么问，我立即打消了不去的念头，急忙穿上雨衣对他说：“这就出发。”随后，我便和小塞德兹一起向野外走去。

那天，我带着小塞德兹观察到了许多晴天所看不到的现象，小塞德兹比以前哪一次出去都更为高兴，回来的路上，他对我说：“爸爸，今天我看到了蜘蛛如何躲避雨，还看到了它在雨停后怎么修复损坏的网，真是太好了，回去我要写篇童话，把这事记录下来。”

听了这些话，我万分庆幸这次冒雨带小塞德兹去观察蜘蛛，若是我因为下雨取消了此次约定，不但使小塞德兹错过了这次观察蜘蛛的机会，而且会让孩子感觉到约好的事情可以随便改变，以后也会学着这样去做，到那时我若再想教孩子信守承诺，就比较难了。

在我和莎拉如此教育下，小塞德兹几乎没有撒过谎，即便偶尔撒谎，也是善意的谎言；他和伙伴说定的事情，不管遇到了多大的困难，都会想办法做到。

看到小塞德兹如此诚实守信，我和莎拉都很欣慰。

通常情况下，孩子做什么事情，都是一时兴起，这时候，若有不对的言行举止，父母发现后需要及时引导，否则有些不经意间的行为，任其发展下去，就有可能会形成不良的品质。

说到做到，不违背自己许下的诺言，就是诚信。孩子需要培养出这种负责任、讲信用的良好品质。父母要让诚信的种子在孩子的心目中生根发芽，长成参天的诚信之树，使孩子成为受到别人信赖和敬仰的人。

诚信是指待人处事真诚，讲信用，言必行，行必果。以诚待人，以信取人。诚信是孩子博得他人的信任、和他人友好相处的最基本条件。诚信的品质比其他任何品质更能赢得他人的尊重，更能取信于人。

我有一个朋友，希望孩子成为一个诚实的人，但是，孩子却撒谎成性。

追溯朋友的儿子喜欢撒谎的根源，也就是第一次，是他与小伙伴在家里玩捉迷藏的游戏时，他不小心碰倒了暖壶，摔坏了。

为了避免受到惩罚，孩子不自觉地撒谎说不是自己碰坏的。结果，朋友夫妻两个不辨真假，就相信了儿子。

这个孩子因为偶尔的撒谎，逃脱掉一次责罚，从中体验到好处之后，以后自己弄坏了什么物品，或者因贪玩晚回了家，都会向父母撒谎，形成了习惯，此时再想改变，已经很难。

因此说，让孩子具有诚实守信的品质，需要父母尽早引导。

小塞德兹小时候，也有过这样的行为。

一天，我得知镇上有魔术表演，回到家之后，对早就想看魔术的儿子说："威廉，快准备一下，我们去看你最爱的魔术表演。"

"太好啦，爸爸，我这就去准备，咱们马上就走。"小塞德兹兴奋地说。

这时候，莎拉走过来，问儿子："威廉，你不是和格兰特尔约好要到他家参加晚会吗？”

“没事，一会他来找我，你说我不舒服就行了。”

听到这样的对话，我问小塞德兹：“你已经有约了？是不是？”

小塞德兹不敢隐瞒，低着头小声说：“是。”

“那为什么不早告诉我？”

儿子扬起脸，不安地说：“我实在是太想去看魔术了。”

“和格兰特尔的约定呢？不守信用失约吗？”我问。

“我想，他约了很多人，差了我一个也没有关系。”

听儿子这样说，我有些生气了，质问他：“若是其他小朋友都和你一样失约，格兰特尔家的晚会还怎么开？”

小塞德兹想了想，没有吭声。

我接着又给他讲了一个寓言故事，告诉他不守信用的危害，小塞德兹这才主动去了格兰特尔家。

诚信自古就被看得贵比黄金，可见诚信在人品质中的重要性。父母不能忽视了对孩子诚信品质的培养。孩子更应该被从小培养这种宝贵品质，为孩子今后的成功加注砝码。

守信是人的优良品德，而失信则可视为不道德的行为。一个言而无信的人，就不会有人愿意与他合作，也不愿意将责任交付给他。父母要教育孩子，在答应别人之前先想一下，自己有没有实现的能力，不要大包大揽，最后又都实现不了，落得失信于人的下场。

诚信无大小，不论是大事还是小事，都要遵守诚信的规则。得让孩子在一些小的细节上觉得诚信不重要，而不去遵守，这样慢慢会使他变得对什么事情都不重视，不诚信，最终成为一个不讲诚信的孩子。

父母对孩子诚信的培养也要从小就开始注意和引导，正确区分孩子出现不诚信言行的原因，及时让孩子改正不诚信的行为。

有一次，我和小塞德兹约好下午三点钟去钓鱼。他吃过午饭的时候，说先到朋友格兰特尔家玩一会儿，三点回来再和我一起去。

我应允了，到了三点，我收拾好渔具，但左等右等，就是不见小塞德兹回家。

大概三点二十分的时候，小塞德兹才一边哼着歌，一边从外面走了进来。见我坐在院子里，高兴地喊着："爸爸，我回来啦，咱们可以走了。"

看他这样，我绷着脸问："知道现在是什么时间了吗？"

小塞德兹听了，轻描淡写地说："三点多一点吧？我看格兰特尔画画，入了迷，忘记了时间。"

"你和我约好了三点，怎么不记在心里？这么不守信用，我以后还怎么相信你？"小塞德兹见我生气了，没有反驳，但脸上却有着不屑的神情，好像认为我有点小题大做。

于是，我决定让他亲自尝尝被人爽约的滋味。

不过，一路上，我却表现得和平常一样，用温和的语言给儿子讲了一些有关钓鱼方面的知识，小塞德兹很快就忘记了自己没有按时赴约的事情。

到了纽兰村的河边，我把一套渔具递给小塞德兹，告诉他说："你在这里钓，我到上游去看看那边怎么样，六点钟时，我过来找你，咱们一起生火做饭，千万不要走远。"小塞德兹接过渔具，点头答应，我便朝上游走去。

大概到了六点半，我才往下游走。还没有走到与小塞德兹分手的地方，就远远地看见一个小身影不停地向我这个方向张望，不用想我就知道，那是儿子正在焦急地等待着我。

看到了我，他飞快地跑过来说："爸爸，可把我等得急死了，你怎么现在才回来？"小塞德兹问。

我举起所钓的一条大鱼，转移话题说："威廉，你看，这条鱼多大，上游的水质好，鱼长得也大，下次我带你到那边去钓。"

小塞德兹见我没有回答他的问题，生气地问："我问你怎么回来这么晚？我刚才问别人时，都已经过了六点半了，现在也该有七点了吧，你不记得我们约好了六点钟见面吗？"

听儿子这样问，我知道时机已到，丢下渔具，严肃地对他说："你现在责怪别人不按时赴约，为什么自己却那样去做呢？"

"你，你不会是在惩罚我吧？"小塞德兹委屈地背过脸去。

我把儿子的脸扭过来，认真地对他说："儿子，爸爸不是要惩罚你，而是想让你自己亲自体验一下不守信用时带给他人的感受，希望你将来与别人约好时间，能够按时赴约；答应了别人做什么事情，都要记在心里，说到办到，做一个诚实守信的孩子。"

听我这样说，小塞德兹明白了我的用意，不再生气，而且主动承认下午没有按时赴约的错误，并说以后不会再发生这样的事情。

见儿子态度转变，我大为开心，吩咐小塞德兹找柴生火，我准备做饭。袅袅升起的炊烟里，不时地传出我们的说笑声。

诚信是孩子必须具备的道德素质和品质。孩子如果没有诚信的品质和素质，不仅难以形成内外统一的完善的自我，而且很难发挥自己的潜能。缺失诚信，就会使自我陷入非常难堪的境地，个人也难以对自己的生命做出肯定性的判断和评价。

诚实守信，是做人最起码的品质，是与别人交往的前提，若没有这一品质，不但会影响孩子在别人心目中的形象，还会阻碍他将来的前途。

缺失诚信，不仅自己欺骗自己，而且也欺骗别人，既毁坏了健全的自我，也破坏了和谐的人际关系。

我认为，父母应该尽早引导孩子，使他做一个诚实守信的人，这样孩子才能交上更多的朋友，有更大的事业，拥有更美好的人生。

每个父母都希望孩子具有诚信的品质，诚信不是与生俱来的，很大程度上是后天在父母的教育中逐渐培养起来的。

» 培养孩子谦虚、礼让的品质

我很早就开始教小塞德兹学习，尽可能多地让他了解常识，掌握各学科的知识，目的是希望小塞德兹不断地充实自己，将来更好地去实现自己人生的价值。

平时，我不仅把这个观点传递给小塞德兹，而且为了避免他因为自己懂的知识多而骄傲，我时常还对小塞德兹讲谦虚才能使人进步，骄傲不但导致人落后，还会使所有人远离自己的道理，让他时刻保持着谦逊、礼让的品质。

在我如此教育下，小塞德兹不仅掌握的知识丰富，而且一直都比较谦虚。他在和小伙伴们玩的过程中，从来不提及自己会了几国的语言，又了解了哪些常识等等之类的事情。

当然，他在学校里的表现也是如此。记得有一次，小塞德兹的一个代课老师见到我，夸赞说："威廉这个孩子太让人感动了，没有想到他小小年纪，掌握的知识竟然那么多。更可贵的是，他居然是如此谦虚，从来不炫耀自己，还总把机会留给别人。"

接下来，这位教师又更加详细地说："我上课时所提的问题，你的儿子几乎全部都能回答。但是，每次，他都不举手先回答，而是把机会让给别人。

"直到所有的孩子都不能回答时，他才会站出来说出答案。像小塞德兹如此为他人着想的孩子，我还是第一次见到，难怪孩子们都喜欢和他在一起玩。"

听了此话，我笑着说："没有什么。"其实心里比吃了蜜还甜。

事实上，小塞德兹表现出来的谦逊、礼让的美德，我自己早已知晓。

记得有一次，小伙伴到家里来找他玩，其中就有那个说话比较费劲的德里克。

我给这些孩子们先讲了一些有关昆虫的趣味故事之后，想到上次

带小塞德兹去森林观察蜘蛛的情景，想考验一下他是否还记得此事，就问孩子们："有谁知道蜘蛛是如何结网的啊？"

孩子们你看看我，我看看你，没有人回答。唯有德里克，举手站起身之后，不知道为什么又坐了下去。

这时候，我把目光投向小塞德兹，本想着让小塞德兹站起来说一下，没有料到他却说："爸爸，让德里克说说吧，刚才他站起来了，应该是了解一些。"

听小塞德兹这样说，我转脸问德里克："你知道吗？"

德里克红着脸再次站起身，结结巴巴地讲了一下蜘蛛结网的过程，最后还说了一些蜘蛛在下雨天如何躲避的情况。

听他讲完，我带头鼓掌表示赞扬。德里克在大家的掌声中坐了下来，这次我注意到，他身子坐得比刚才直多了，头也昂了起来，明显自信了许多。

孩子们都回家后，我问小塞德兹："咱们那次雨天去森林看到了蜘蛛躲雨以及结网的过程，你知道为什么不说？"

"我昨天见到德里克，给他讲了自己看到的情景。今天你正好问，他平时说话的机会就少，今天让他回答，在其他孩子面前表现一下，德里克肯定会很开心，我就想着让他回答了。"

听小塞德兹说完此话，我激动地一把把他拉到怀里，使劲亲吻了几下说："威廉，爸爸真为有你这样一个儿子感到自豪。"

说实话，小塞德兹表现出来的这种谦逊的品质，在成人身上都十分少见，因此更显得弥足珍贵。而在下面这件事情上，小塞德兹表现出来的谦逊、宽容，甚至连我这个做父亲的都自愧不如。

那是一个周末，附近一些父母带着孩子参加我举办的沙龙互助活动，这个活动的宗旨就是创造机会让孩子们在一起玩耍与学习，同时父母交流教育孩子的心得、经验，互帮互助。可是，初衷是好，但许多时候却总有意外发生，这次就是如此。

孩子们在玩的过程中，比赛谁跑得快，谁的力气大。通常情况下，都是大一些的孩子比年龄小的孩子力气大，跑得快。

可是，年龄还不到四岁的小塞德兹，在与六岁的娜米进行比赛腕力、跑步时，两个项目都是娜米输了。

几位父母看到这个结果，异口同声地赞扬小塞德兹的身体素质好。

娜米的妈妈听了，脸上有些挂不住，虚荣心导致她开始炫耀女儿身上的特殊才能，说娜米能写单词，可以朗诵童谣，还会弹钢琴，等等。

娜米听到妈妈这些话，在没有任何人要求的情况下，立即走到钢琴前，弹了一首简单的曲子，接着站到凳子上，背诵了一首童谣，随后又写了几个单词。

做完了这些，娜米看着小塞德兹，趾高气扬地说："我能背诵童谣，能写单词，还会弹钢琴，你会吗？"

娜米的妈妈也带着挑衅、嘲讽的口吻说："威廉，刚才娜米表演的这些你都会吗？会的话过来展示，让大家见识一下。"

这时候，小塞德兹正拿着布娃娃兴趣盎然地玩着，听到此话，他面带笑容地摇了一下头。

看到娜米母女如此炫耀自己，没有掌握多少东西却这样骄傲，我决定让她们见识一下小塞德兹的能力，因此站起身走到儿子面前说："威廉，背诵你新学的一首长篇叙事诗让她们听听。"

"爸爸，娜米愿意展示，就让她继续展示吧，我觉得玩布娃娃也很开心。"小塞德兹不为所动。

听到此话，我十分惭愧，真觉得自己还不如年幼的小塞德兹谦逊、宽容、大度。

那个时候，小塞德兹所掌握的知识，不仅超过了同龄孩子，即便比他大五六岁的孩子，我敢说，也没有几个比他强。

但是，小塞德兹从始至终，不管面对谁，都表现得谦逊、礼让，若是有人想表现自己，他还会善意地给别人留下机会，成全他们。

难怪小塞德兹走到哪里，都如此受人欢迎。

我认为，一个人，不管能力有多大，掌握的知识有多么丰富，但只要他四处炫耀，为此骄傲，那么，他不仅难以得到别人的赞美，相反会被人嗤之以鼻，更别提愿意与他亲近，所以往往会成为孤家寡人。

只有那些知识丰富，却谦逊、礼让的人，才会令人佩服，受人欢迎。

所以，我在教小塞德兹知识的同时，还让他学会谦逊、礼让，这样他将来才能生活得更加幸福，也比较容易走向成功。

» 注重孩子的爱心教育

爱心能使人从幼稚走向成熟，从渺小走向博大。爱的过程往往是成功诞生的过程，即使在平凡的生活中，爱也以其不凡的能量孕育着成功的因子，一旦时机成熟，就给人们带来一片惊喜。

爱有一种神奇的力量，这种力量只有那些拥有爱心的人才能发现、感受、交流。一个人如果能把爱心当成一种力量运用在自己的人生当中，那么无论遇上什么样的困难，什么样的挫折，他都能战胜；对于自己想要完成的事，他也一定能做到。

成功之路有千万条，条条都是爱心铺成的。无论是成功的学业、成功的事业、成功的友谊与婚姻，还是身心健康，都离不了爱心。父母要想让孩子以后的人生成功，必须从小培养孩子的爱心。

我认为，爱心是培养孩子美好品德的核心。如果没有了爱，一切都会显得苍白无力。所以，对儿子爱心的培养，我很早就已经开始了。

小塞德兹小时候，喜欢和家里喂养的小黄猫玩。但是，我发现，小猫每次看到他，都害怕得躲得远远的。

对此，我有些迷惑不解，偶尔有一次，我发现小塞德兹看到了小猫，悄悄伸手猛地一抓，揪住了小猫的毛，使劲往自己面前拉，小猫疼得“喵喵”叫个不停。

我一下子明白了其中的原因，二话没说，上前抓起小塞德兹的头发，稍微用点力往上一提，小塞德兹就感觉到疼，放开了抓小猫的手，我也随即松开了手。

小塞德兹回过头看到是我，摸着头皮困惑地问：“爸爸，抓我头发干吗？”

“疼吗？”我不回答反问儿子。

“疼。”儿子边揉头皮边说。

“你知道疼，小猫也知道疼啊。你每次都那么使劲抓它，小猫能好受吗？”我说。

我用实际行动教育儿子，并引导他设身处地为小猫着想，从这一次后，小塞德兹以后再和小猫玩，对它就小心呵护了，再不粗暴地去抓、揪小黄猫了。

对于小猫、小狗等动物，我教儿子学着爱护。对于生活困难的人，我则用自己的行动去影响小塞德兹，并有意识让他亲自体验做善事的快乐。

比如每年圣诞节的时候，我会让小塞德兹买一些礼物，送给一些家庭比较贫困的孩子；附近谁家有了天灾人祸，我也会带着儿子前去探望、问候。

记得最清晰的一次，是在小塞德兹三岁的时候，有一天，我经过墓地的时候，发现同村的老人菲卡尼坐在妻子的坟墓旁，蜷缩着身子，看样子十分疲惫、虚弱。

我喊他几声，他也没有什么反应。想到菲卡尼的妻子前几天死了，而他又没有别的亲人，只剩下他一个孤苦伶仃的老人，可能也有想死的念头。

这样想着，我快步走回家，叫上莎拉，让她跟随自己一起去墓地把菲卡尼搀扶回去，小塞德兹也跟在后面。

可是，当我们好不容易把菲卡尼送到他家门口的时候，这个老人说什么也不愿意进去，说空空的房子里就他一个人，太孤独，我便把小塞德兹留在那里陪着菲卡尼。

小塞德兹很听话，不但愿意在那里陪老人，还想到自己平时玩游戏开心，便和菲卡尼玩起了各种各样的游戏，逗得老人哈哈直笑，心情也好了许多。

回家后，小塞德兹对我说："爸爸，我听菲卡尼说他喜爱鲜花，把我们家的花都送给他吧，这样他就不伤心了。"

"好，这个建议不错，咱们现在就行动。"

说着，我叫上莎拉、佣人，和小塞德兹一起，先到菲卡尼家小屋周围开垦土地，又把自家的花草挖出来，移植到了菲卡尼家去。

种上之后，我们没有就此停止，还经常往菲卡尼家里跑，一是去看望老人，二是去帮着他照顾这些花草。

很快，到了花开的时候，菲卡尼小屋的周围，到处是五颜六色的鲜花，吸引了许多人前去围观，菲卡尼老人再也不感觉孤独了。

一天，菲卡尼拉着我和小塞德兹的手说："多亏了你们啊，要不然，我怕早已经不在世上了。"

"别客气，这都是举手之劳。"我说些客气的话，偶尔瞥见小塞德兹，发现他满脸放着光彩，喜笑颜开，显然帮助了别人，让他十分开心。

我预料，这次帮助别人的体验，会提升儿子的同情心、爱心，促使他更加乐意去帮助有困难的人。

事实上，也确实如此。

记得有一次，我发现小塞德兹的零花钱少了许多，就把他叫到面前问："儿子，你的零花钱怎么少啦？"

小塞德兹兴奋地说："爸爸，我把它给豪斯了。"接着，他便给我讲述了事情的原委。

有一天，小塞德兹正在野外看书，突然感觉背后有动静，回头看时，发现有一个与他大小差不多的男孩，在他后面正专心地朝书上看，这个男孩就是豪斯。

他告诉小塞德兹说："真羡慕你这样有文化的人，能看懂书中的内容，家里也有钱，能买起书籍。我家太穷了，父母虽然很勤劳，但挣的钱不多，懂的知识也少，没有人教我识字、读书。可是，我却很喜欢书籍，所以见到你看书，才凑近观看。"

听他这样说，小塞德兹便给他讲了一些书中的有趣故事，以及各方面的知识。他呢，则给小塞德兹讲了身边发生的许多趣事，他们俩很快就玩在了一起。

回家后，小塞德兹便找了一些纸、笔和书籍，并从他的零花钱中拿了一部分，一起送给了豪斯。

听小塞德兹讲述完，我朝儿子的额头轻轻地亲吻了一下，以表达自己对儿子这种行为的赞赏。

后来，豪斯的父亲，特地带着儿子到我家道谢，他对我说："你真了不起，培养出这样一个富有爱心的孩子，就像天使一样。"

接着，他转头对小塞德兹说："孩子，谢谢你对豪斯的帮助，我们全家都会铭记在心。"

听着这样的赞誉，我和小塞德兹心里都甜滋滋的。

这样的事情，我也还亲眼看小塞德兹做过一些。

一个美丽的黄昏，我和小塞德兹正在外面散步，迎面走来一个流浪汉，穿得破破烂烂。小塞德兹觉得此人很可怜，情不自禁地问他："先生，你需要什么？"

"一个面包就足够了。"

小塞德兹听了，对他说："你等着。"随后立即转身回家。

流浪汉问我："先生，刚才这个男孩，是你的孩子吗？真可爱！"

我笑着点点头，和流浪汉攀谈了起来，他讲起了自己的家乡，以及自己如何沦落到这一步，还有他对人生的感悟。

正说着，小塞德兹拿着一个面包气喘吁吁地跑了过来，把面包递给流浪汉说："这是我们全家的一点心意，请你收下吧。"流浪汉看着小塞德兹，笑笑说："谢谢你，可爱的孩子。"接着转身离去。

见流浪汉走远，我问小塞德兹，为什么知道主动帮助他。

小塞德兹仰着小脸说："他穿得那么破烂，我觉得他可怜。"此话说明了小塞德兹已经能觉察出别人的痛苦，给予同情，并用行动表现出自己的怜悯之心，我为自己成功培养了儿子的爱心而开心。

俗话说："赠人玫瑰，手有余香。"确实是这个样，在帮助别人的同时，自己也会很开心，同时能够促进培养孩子其他的优良品质，使孩子身心更加健康地成长。

热爱人生，就会活出人的价值；热爱事业，心中就会充满激情；热爱生活，就会感到越活越有滋味；热爱大自然，就会获得休闲的好心情；热爱他人，就会体味到友谊的珍贵。人可以没有百万家产，也可以没有荣誉和地位，但绝不能没有爱心。

孩子早期表现出来的关心和爱护他人的行为是孩子爱心的自然表达，但是如果孩子的这种行为不能得到父母以及周围亲人的及时鼓励和强化，孩子的这种爱心行为就会逐渐消失。

因此，孩子后天能不能成长为一个具有爱心的孩子完全在于父母能否给予正确引导和教育。

所以，我非常注重培养小塞德兹的爱心，不但在日常生活小事上用心引导，而且让他亲自体验到帮助别人带给自己的快乐，这样他才能真正喜欢上帮助有困难的人，从而使他富有爱心。

» 从小养成孩子的节俭品质

节俭一直是美德，但是在现代人的眼中，节俭似乎是穷人才需要的品质。因为他们收入不多，除去必需的开销，已经不可能还有余钱了，因此他们不得不节俭。而富人就可以随意挥霍。

其实，越有钱的人，他们越懂得节省，倒是那些看上去很穷的人，却恰恰不懂得如何节省金钱，如何使每一分钱都充分发挥价值。

父母要告诉孩子，节俭是每个人都必须拥有的美德，没有节俭就不可能产生富翁，也不可能培养出理财高手。因此，父母应该努力培养孩子节俭的品质，让他们学会让钱发挥出最大的功效。

我和莎拉，平时生活十分节俭。就拿我来说，一件衣服，补了好几次还一直穿着。教育小塞德兹也一样，我们希望儿子能拥有节俭的良好品质。

所以，从小我就要求他把碗里的饭吃得颗粒不剩，平常穿的衣服，大多都是由莎拉的巧手用旧衣服改成，玩具也很少给儿子买。他玩的大多数玩具，都是我或者莎拉亲手制作而成。

记得小塞德兹小时候，有次出去玩时，看到邻居的孩子抱着一个可爱的小熊，他很是喜欢，回到家后，也要妈妈给自己买一个。

莎拉就用以前做衣服时剩下的面料，给小塞德兹做了一个毛茸茸的小熊，比邻居家买的那只小熊还要好看。小塞德兹看到了，高兴地手舞足蹈，还拿着它向伙伴们炫耀呢。

不过，对于小塞德兹学习方面，我向来不吝惜花费，比如孩子学习音乐需要请老师，不管需要多高的价钱我都不犹豫；为了增加小塞德兹的见识，我带他去各地旅游……

虽然这类的花费比较大，但我认为，与孩子学习到的知识无法比拟，都是必要的消费。

但是，在学习工具方面，我却觉得能用就行。如果旧的没有用完，

或者不坏，我都会要求儿子继续用。

可是，小塞德兹有时候看到别的孩子拥有很多东西，受其影响，也会给我提一些不合理的要求。

所以，父母要帮助孩子养成勤俭节约的好习惯，首先自己要给孩子做一个朴素的榜样，从日常生活的小事里，让孩子在潜移默化中，习得节俭的行为；其次，父母还要让孩子明白节俭光荣，告诉孩子它是一种永不过时的美德，不仅有利于个人，还造福于社会。

只要父母从自身开始节俭朴素，并在日常生活中对孩子严格要求，并且持之以恒地坚持下去，孩子就会养成节俭的良好习惯。

记得有一次，我带着小塞德兹去集市，他看到漂亮的画笔，十分喜欢，站在那里看了很久，都不愿意挪动脚步。

我知道儿子想要，但家里的一套还没有用完，就催促着小塞德兹快走。

这时候，儿子开始央求我："爸爸，你给我买一套画笔吧，用漂亮的画笔能画出更漂亮的画。"

"家里不是已经有一套同样的画笔了吗？"我问儿子。

"那一套是两个月前买的，太旧了，你再给我买一套新的。"小塞德兹很想要。

我有些生气了，对小塞德兹说："据说有一个画家，一套画笔用了十来年，都舍不得丢弃，而且画出了很多优秀的作品。你刚用过两个月的画笔，怎么就能说旧了呢，再说了，旧了就不能画出漂亮的画了吗？"

小塞德兹虽然明知道要求得不合理，但确实想要，就再次央求我："爸爸，求求你，给我买一套吧。"

"家里的规矩你忘记了吗？旧的用不完，或者没有坏，就不能买新的。"我一点都没有动摇。

"爸爸，你太小气。"小塞德兹不高兴地说。

“这不是小气，这是节俭，应该省下一些钱，买更加需要的东西，做更加有意义的事情。”我纠正儿子。

“你就是太小气，你也不爱我，你不是一个好爸爸。我只有一套旧画笔，而安德鲁却有好几套新画笔，还有很多很多的玩具，他爸爸才是天下最好的爸爸。”小塞德兹说着，委屈地哭了起来。

小塞德兹是小孩子，看到伙伴安德鲁要什么有什么，所有东西都很充足，觉得自己受了委屈，一时想不开，哭闹着坚持要买画笔，也是情理之中的事情。

但是，虽然如此想，我并没有就此妥协。我把小塞德兹硬拉回家，并决定利用这次机会，对儿子好好教育一番。

于是，等到小塞德兹情绪稍微平静之后，我问他：“安德鲁的父母花钱如流水，家里经常大摆宴席，给孩子买许多没有必要的东西，浪费了许多钱财，你真的羡慕他家那样的生活吗？”

小塞德兹此时已经恢复了理智，低着头说：“爸爸，我并不是羡慕他，只是当时太想要那套画笔了，想到若是安德鲁要，他父母肯定毫不犹豫地就会买。”小塞德兹说此话的时候，还是有些委屈。

“绘画的时候，需要几套画笔？画笔的新旧，能否决定画出作品的优美？”我问小塞德兹，他自知理亏，沉默不语。

我接着说：“安德鲁家花费太多的钱财，耗费许多不必要的物质，还会滋生许多不良的恶习，肯定会使富裕的生活走向没落。而如果节俭，即便经济条件稍差些，也会过得丰衣足食。”小塞德兹听后点点头，以后，再也没有像这次一样，非要我给他购买没有必要的物品了。

而安德鲁，如我所说的一样，沾染上与别人攀比的恶习，家里每个人都挥霍无度，几年之后，就债台高筑。

为了让小塞德兹知道挣钱的辛苦，我会把钱的来源和过程演示给他看，告诉儿子每一分钱都是辛勤劳动所换，来之不易，要学会珍惜。

平时，我也不像别的父母那样，给孩子零花钱从来不考虑，也不问他如何花费。我很少给小塞德兹零花钱。小塞德兹的零花钱，大多都是受到奖励所得。我这样做，就是为了让儿子知道，钱不会白白到手。

不仅如此，为了让小塞德兹有更深的体会，在他稍大一些的时候，若买什么物品，我还让儿子亲自去赚钱。

在小塞德兹上大学后，有一次，我们一起上街，他看中了商店里一个天文望远镜，央求我给他买。

“我不会给你买这个望远镜。”我一口回绝了儿子。

小塞德兹听了，十分委屈地说：“爸爸，我这可是为了学习啊，又不是把它买回家当玩具。”

“我不是不给你买，而是觉得，你已经十二岁了，有能力通过自己的努力赚取买望远镜的钱了，要靠自己挣钱，不要依赖任何人。”

我这样告诉小塞德兹，而且真的给儿子找了一份抄写的工作，让他自己去赚钱。同时，我还让小塞德兹每天给隔壁老奶奶读一小时的书，以多增加一点收入，早一点攒够钱买望远镜。

小塞德兹每天除了学习，还要做这两件事情，特别是抄写，是一种辛苦又乏味的工作，而且十分浪费时间，儿子每天都要抄到深夜。

莎拉看了十分心疼，非让我给儿子把望远镜买下来。我给她耐心地讲了一番道理，莎拉才勉强同意。

就这样，小塞德兹通过大半年抄写的工作，终于挣够了钱，买到了自己心仪的望远镜。用此方式，他深切体会到了挣钱的不易，这也就达到了我想要的目的。

一个人不管多么富有，都应该学着节俭，否则什么都是高消费，处处铺张浪费，很容易就会滋生诸多不良的恶习，不可避免地会走到穷途末路。

相反，因为节俭，就是经济稍差一些，也一样会丰衣足食。所以，我才会在小塞德兹小时候，就教他学着节俭，想尽办法使他具有这一优秀的品质。

» 让孩子专注做事与学习

专注的含义是指只注意一种事情，心无旁骛。这是一种很高的精神境界，专心在一件事情上不顾其他，还有什么事情做不好啊？大凡有所成就的人都是做事很专注的人。专注才能让自己的思维更加集中，才能激发大脑的潜能，才能做出创新性、突破性的事情。

专注的心灵能创造奇迹，即使你没有高超的智商，没有令人仰慕的学问，没有庞大的资源，但是只要你有一份专注的精神，就能在最简单的事情上投入专注的态度，能深入体察微小的细节，就能创造出伟大的奇迹。

小塞德兹成绩卓越，许多人觉得这有些不可思议，认为他天生有着超强的记忆能力，否则利用这么短的几年，普通的孩子不可能掌握如此多的知识和技能。

还有些父母则慕名前来，向我讨教，问怎么样才能把孩子培养成像小塞德兹一样。

事实上，小塞德兹取得的成绩，并不是因为他生来就能博闻强记，是个天才，而是因为他做事专心致志的结果。

我这样说，有些父母就会更进一步地追问："一般孩子做事容易分心，时常三心二意，为什么你的孩子做事却能如此专注，是不是他生来就有此种特异功能？若不是，怎么才能培养孩子形成做事专注的好习惯？"

每当听到此话，我都会这样回答："威廉也和普通的孩子一样，无论学习还是做事时，也容易被别的事情吸引，从而分心，效率比较低。后来经过我一次次的训练，他才逐渐变得专注。"

我说的这些都是实话，小塞德兹三岁左右的时候，像所有孩子一样，

好奇心强，容易被别的事物吸引，学习时不会安排，经常陷入焦虑之中，很难做到专心致志。

但我很早就知道做事专注的重要性，所以教导小塞德兹无论做什么事情，都要聚精会神，学习时更要求如此，不能有一点分心。

在儿子学习的时间段，为了避免他分心，我会拒绝任何人打扰，目的是为了他能够形成专心致志学习的习惯。

记得有一次，我听到小塞德兹在房间里练习钢琴，一首曲子弹了一半，就没有声音了。我觉得十分好奇，心想是不是琴键或者哪里出了问题，就准备到儿子房间里看一下。

这时候，就见小塞德兹满脸不开心地跑到我面前说："爸爸，我不想学了。"

"不想学什么？"我奇怪地问。

"什么都不想学了，画画、弹琴、看书。"

"怎么啦，这些你不是都很喜欢吗？为什么突然这样说？"

"我看书的时候，想着弹琴；弹琴的时候，又想着昨天看到的小鸭子，想把它画下来；画画的时候，却又想到有个故事还没有看到结尾，又想继续看书。结果，什么事情都没有做成，心里很烦，还担心计划完不成。"

"你什么事情都没有做好，是因为分心的缘故，如果你做某一件事时，只专注地做此事，眼睛、心思都用在这上面，其他的事情完全抛开，直到把它完成，这样效率自然就会高啦。"我笑着说。

"可是爸爸，这样做行吗？我真担心自己控制不住自己。"小塞德兹听后，有些不相信地说。

"回去尝试一下，不管是画画还是看书，静下心来，投入进去，自然就不会再分心了。"

儿子听后，点头回去了。

过了一段时间，小塞德兹从房间走了出来，面露欣喜地说："爸爸，我刚才专心地看了一会儿书，比刚才强多了。只是有时候，还是容易分心。"

我知道，儿子说的是实话，莫说是孩子，就是成人，一时半会也不能够完全做到专注，需要训练并长期坚持才能形成这种习惯。

一个人要想有所成就，做事必须专注，专注是一个人实现自己目标的唯一途径。做事马马虎虎、三心二意的人，什么事也做不好。

专注是一种态度，是一种责任，更是一种精神。专注于自己的追求，理想就能变为现实；专注于自己的学习，就会取得好成绩；专注于自己的事业，事业就会飞黄腾达。

从那时候起，我便开始有意识地训练儿子的专注力。

我先是从小塞德兹平时最喜欢听的故事入手，以前我给儿子讲故事，对他没有什么要求，所以儿子听故事也是很随意。为了让小塞德兹变得专注，我有意在讲故事之前，先提几个问题，让他听完故事之后回答。

这样，小塞德兹就会聚精会神地听，生怕稍一疏忽，错过了问题的答案。

如此训练效果虽然不错，但长时间如此，我担心他厌烦。考虑到儿子也能阅读了，我便想到了一个新的训练方法。也就是我们两个人同时看书，约好看完后，相互提三个问题让彼此回答，以此考验谁看得认真、仔细。

小塞德兹比较喜欢这种互动的方式，他比先前听故事时变得更加专注，因此有许多次，在回答问题时我都输给了小塞德兹。

不仅如此，我还给小塞德兹买回了孩子们都爱玩的拼图、积木，这两样玩具都需要注意力的参与，同时还能训练孩子的耐心。

为了使小塞德兹玩时更具有趣味性，我往往会和他一起玩。

比如，在小塞德兹要用积木搭房子之前，我们先设想一个情境。我和小塞德兹在屋里转上一圈，捡起地上一个玩具，把它当作是只流浪狗。我们十分可怜它，就把这只狗领回了家，小塞德兹便开始用积木给小狗搭一个温暖、舒适的小窝。

加入了这个环节，小塞德兹搭积木的时候就会特别专注。

经过长时间如此训练，小塞德兹做事的专注性明显得到了很大的提高，而且不管做什么事情，立即就能投入进去。后来，我发现，只要小塞德兹正在做事，无论是谁，不管如何打扰，都很难使他分心。

小塞德兹之所以各方面如此出色，专注的习惯在其中起着非常重要的作用。

父母培养孩子专注的品格，实际上是让孩子具有了做事成功的法宝。孩子由于思想意识的不健全、不成熟，很多东西意识不到，他们不知道学习时要一心一意，不明白为什么不能边玩边学；他们找不到自己失败的原因，发现不了专注对成功的重要意义。

这些父母应该明白，在孩子成长的过程中，越早让孩子知道并且能够做到，孩子就越早取得理想的成绩，越早能成就自己的事业。

专注不是看得见摸得着的具体事物，是你说给孩子听，孩子就能接收得到的；专注是一种思想意识，这种意识要不断地培养加强才能形成，才能发挥作用。

我的一个朋友，也向我提出了类似的问题，他说："鲍里斯，你说我儿子利维尔，每天学习的时间也不短，可我总感觉没有什么效果。你去看一下，问题到底出在了哪里？"

听了朋友的话，我觉得有可能是利维尔在学习的过程中不专心所导致的。于是，我决定去朋友家一趟。

到了朋友家，我轻轻地走到利维尔的房门口，就着半开的门，朝里面察看。那时，利维尔虽然在看书，眼睛一直看着窗户外面，好像在想什么心事。

看到此处，我便推开门，走进了利维尔的房间，他竟然丝毫没有察觉，眼睛看着窗外，一直发呆。见此情景，我轻轻地拍了一下他的肩膀，这一下让利维尔吃了一惊，他回过头看是我，急忙站起身，礼貌地叫了声：“叔叔。”

我温和地问他：“利维尔，在想什么有趣的事情呢？”

“没有想什么，我在背书。”利维尔说着，扬了扬手中的书。

我接过书本，翻了一下说：“我现在考考你，给我背上一段听听。”

利维尔张了几下嘴，一句也没有背出来。

“学习时走神了吧，要不然怎么能一句也不会背诵呢？”

听我这样说，利维尔低下了头，惭愧地说：“叔叔，我也不知道为什么，刚才背书的时候，不由自主地就想到了别的事情。”

“什么事，能给叔叔说说吗？”

“昨天，有一个比我大的男孩子，欺负一个矮小的孩子，我看见了很气愤，想上前教训他一下，担心打不过他，就没有动手。我在想，要是我是个大侠，有一身的武功，就能帮助那个被欺负的孩子了。”利维尔激动地说。

“听我说，利维尔，你想帮助别人是好事。可是，你觉得只是坐在书桌前这样空想有用吗？”

他沮丧地摇了摇头，小声说：“没用。”

“我想你也知道，英雄是经过长时间专注训练的结果，都有高超的智慧。你若想成为这样的人，现在需要专心学习知识，同时坚持锻炼身体，增强体质，长大后才会真正有能力去帮助别人，对不对？”我开导他。

利维尔想了一下说：“叔叔，你说得对，以后，我学习的时候，不再瞎想了，专心学习书中的知识，以后才能实现我帮助别人的愿望。”

“那么，现在就开始吧。”我对利维尔笑着说。

他也笑了，拿起书本，愉快地投入到了学习中。

后来，听利维尔的父亲说，利维尔的成绩得到了大幅度的提高，他们很感谢我的帮助。

其实，我也没有起多大的作用，只是点拨了孩子一下，使他知道了应该专心致志地学习而已。

有许多小孩子，看似在学习上花的时间很多，可是成绩却不理想。这主要不是因为孩子脑子笨，而是学习时没有做到专注的结果。

因为小孩子的好奇心都很强，容易被别的事情吸引而分心，注意力不集中，当然效率就低。我在小塞德兹小时候，就有意识地培养他做事专注的好习惯，这样他学习或者做事，往往就会事半功倍。

每个人的精力都是非常有限的，同时做许多件事情到最后往往一事无成。凸透镜是一种能把众多光线聚集成一束的镜子，它把照射到自己镜面上的光线能量聚集到一束光线上。那么，这束光线将不再是当初温柔的阳光，而是一束使人感到刺眼的强烈光束。

俗话说伤其十指不如断其一指，也是这个道理。积聚一个人全部的精力攻克一个难题，常常能无往不利。而把自己的精力分散在许多科目上，往往在哪个科目也难以取得成就。

孩子只有先形成一种专心的习惯，日后才有可能对自己的事业全身心地投入，不被其他事情干扰。孩子专心致志地学习才可能达到良好的效果，有些孩子边学边玩，往往没学好，玩得也不开心，白白地把时间浪费了。

但是父母应该及时地给予引导，培养他们学习时专心致志学，玩的时候忘情地玩耍的习惯。孩子注意力不集中，做事三心二意，如果得不到及时有效的纠正，那么他们在以后的学习和工作中也不会专注地投入，从而难以取得成功。

» 培养孩子的毅力和恒心

人们在学习、事业中，若遇到了挫折，往往都会情绪沮丧，这是人之常情，可以理解。但是过后应该重新鼓起勇气，再接再厉。那么，很有可能，这次的障碍就是黎明前的黑暗，此时只要有恒心与毅力坚持下去，就能见到光明，获得成功。

可是，生活中真正能坚持下去的人不多，而那些遇到点挫折就丧失自信，不再尝试的人却很多。我的一个名叫埃米尔的同学，就是最典型的一个例子。

埃米尔从小特别喜欢看书，受此影响，他在写作方面也表现得相当出色，在我们班里，他的作文水平一直是数一数二的，经常得到老师的表扬。

那时候，埃米尔憧憬着以后要当个作家。为此，他不断地扩大阅读量，而且天天不间断地练笔，无论是语言或者是修辞、构思方面，埃米尔都进步得很快。

很多老师都看好他，说埃米尔是个有出息的孩子，将来肯定能成为一个大作家，我当时因为也比较爱好写作，与埃米尔的关系不错，还经常鼓励他一定要坚持走这条路，他点头说绝不会放弃。

埃米尔毕业之后，也就选择了写作这条路。

他用两年的时间，创作了一部小说，满怀信心地投给一些出版社，结果都是石沉大海，没有一点消息。

在这种情况下，埃米尔沮丧极了，他找到我，诉说心中的郁闷，而且流露出放弃写作的打算。我知道埃米尔对写作很热爱，而且他也有这方面的才华，如果能够坚持下去，肯定会有很大的收获。

于是，我劝他说："你现在的稿子，虽然出版社没有采用，但这并不能说明你写得不好，有可能编辑不具慧眼，即便真是你的水平还不够，但只要你继续写下去，或者把原稿再努力提高一下，肯定会得到出版社编辑的认可，最终稿子被出版的同时，你也能实现自己的理想了。”

但是，我的劝说，埃米尔没有听进去，他从此放弃了写作。

现在，埃米尔在一个小单位里做一名普通的职员，有时候因为工作需要会写些东西，偶尔还会有人讲他文采出色，若是从事写作这行当，肯定前途无量。

可是，埃米尔却因为一次挫折，没有恒心把写作的这条路坚持走下去，结果与成功擦肩而过。

所以，父母若想让孩子将来获得更多更大的成功，就需要从小培养他的毅力和恒心，使孩子做什么事情都养成坚持到底的好习惯。

记得小塞德兹刚会爬行的时候，莎拉为了训练儿子的耐力，就用一个黄布制成的玩具猫，在小塞德兹前面来回摇晃，吸引他的注意力。

小塞德兹很快就对这个会动的玩具产生了浓厚的兴趣，伸手要拿过来自己玩。这时候，莎拉就会把玩具猫向远处移一点，引诱小塞德兹爬行。

待到儿子伸手能够到玩具的时候，莎拉再把它移开一点，小塞德兹就会再向前爬，莎拉在他将要拿到手的时候，再移开一点点。

重复多次之后，小塞德兹见始终难以拿到玩具，再加上自己累了，注意力就会转向它处。这时候，莎拉会把玩具猫再次靠近小塞德兹，并放在那里，走到小塞德兹身后，用双手推动他的小脚鼓励他。

这样，小塞德兹又会努力往前爬行，最终把玩具拿到了手。这时候，莎拉会欢呼着把儿子抱起，还不断地在他小脸上亲吻，以此庆祝儿子获得了胜利。

虽然那时候，小塞德兹并不知道成功的意义，但他却能体验到，通过自己的努力达到一定的目的，会收获无可比拟的快乐，因此幼小的他就对努力有一种特别亲切的感情。

一般情况下，小孩子做什么事情，若遇到点困难，很容易就会打退堂鼓，不愿意再进一步努力尝试，我的儿子小塞德兹，在最初也是如此。

记得他刚开始学习弹钢琴的时候，曾经因为节拍把握不准想要放弃，经过我的劝说虽然坚持了下去，可是后来在学习一首比较复杂的曲子时，他又再次出现了抵触的情绪。

那天，我在书房里写作，莎拉在客厅里喝茶看报。这时候，从小塞德兹屋里，传出几声不和谐的琴音，声音大又低沉，没有一点规律，像是胡乱按琴键所致。

莎拉听了，走到儿子房间里，训斥他说："你干什么呢？有事说事，别拿钢琴撒气啊。"

可是，小塞德兹听了，不仅没有向妈妈解释什么，相反又使劲地按了几下琴键。

"你这孩子，怎么能这样呢？是不是欠揍了？"莎拉见儿子无缘无故发这么大的脾气，很生气，走近一步说。

我听见了，急忙从书房里走出来，到小塞德兹屋里把莎拉拉到客厅里，劝她不要如此粗暴地对待儿子。

然后，我走回儿子屋里，温和地问他遇到了什么不愉快的事。

小塞德兹低着头说："爸爸，我不想继续弹钢琴了。"

"儿子，学钢琴不是你要求的吗？怎么又说不想学了呢？"

"我，我觉得自己不是弹钢琴的料，这首曲子，我都练习十多遍了，还总是出错。"

听到了这里，我了解到了小塞德兹心烦的原因，就给他讲恒心的重要性，并用儿子最崇拜的莫扎特去引导教育他。

我告诉小塞德兹说："你不是最喜欢伟大的音乐家莫扎特吗？别看他后来取得这么大的成功，可是他在练习弹钢琴的时候，也遇到了几次挫折，甚至有回连最基本的音阶都弹不好了，可是他并没有气馁，仍坚持练习，结果在钢琴方面有了很大的飞跃，最终获得了成功。”

“爸爸，你说的是真的吗？”小塞德兹半信半疑地问。

我使劲点头说：“是的，我在他自传中看到的。”

“爸爸，我觉得虽然这首曲子我弹得还不是很好，但若弹最基本的音阶，绝对没问题。”儿子面露笑容说。

“所以啊，你现在的能力比莫扎特最初学琴的时候还强，怎么能想着放弃呢？”

接着，我又给儿子讲了同学埃米尔因为遇到点挫折，没有恒心坚持写作，最终没能成功的事例。

后来，儿子明白了我的良苦用心，同时也知道了恒心与毅力的重要性，又开始投入到练习之中。

当然，这次教育，不仅使儿子坚持了弹钢琴，而且在其他方面，他也表现得特别有毅力、不气馁。

有一次，莎拉发现儿子学习了两个小时，还没有从屋里走出来。她感觉到十分奇怪，就叫我去看看小塞德兹。

我推开门走进儿子的房间，见他正埋头趴在桌子上演算，连我进屋都不知情。

“儿子，都学习两个小时了，该休息一下啦。”

“爸爸，我等会再休息，还有一道题目没有做出来。”小塞德兹头也不抬地回答。

这时候，莎拉走了进来，看了看儿子那道题目说：“这道数学题有些难，若是做不出来，暂时就不要做了，再说，也到了吃饭的时间。”

“走吧，以后有时间再做。”我拉起儿子，他有些不情愿地站起身。吃饭的时候也不安心，紧皱着眉头拿着勺子和叉子随便吃了几口，便走回了自己的房间。

我和莎拉对视了一眼，知道小塞德兹因为那道题没有做出来，食不甘味，就没有阻拦儿子，任由他去努力解题。

等到我洗刷完餐具，就听到儿子兴奋地说："妈妈，爸爸，这道题目我终于做出来啦！"说着话，拿着本子冲出房间让我们看，自豪地讲他在哪里遇到了拦路虎，尝试了多少种方法解决，以及怎么打开了思路，最终做出了答案的过程。

看着小塞德兹如此有恒心、毅力，我和莎拉同时向儿子竖起了大拇指。此后，儿子做什么事，我们再也不用为他遇到困难是否能坚持到底而担心了，因为已经养成习惯的儿子，再也不会因为遇到点挫折而气馁、后退。

无论谁，不管做什么事情，都不可能事事一帆风顺，多多少少都会遇到点挫折。此时，**若是有毅力和恒心，就能在困难中坚持不懈，努力前进，最终会获得成功**。否则，碰到挫折就后退、放弃，总是半途而废，功亏一篑，当然不会与成功结缘。

因此，父母要注重培养孩子的恒心和毅力，使之形成习惯，从而促使孩子将来获得更多更大的成功。

» 让孩子学会与人分享

孩子的独占意识过强，不愿意和别人分享，这不是一件好事。一个不会与人分享和合作的孩子，在以后越来越激烈的竞争中，只会被社会淘汰。父母在对孩子的教育中，一定要重视对孩子分享意识的培养。

让孩子学会与人分享，也就是学会如何与人共同生活。一个能够做好集体中一员的人，才能够更好地被集体所接纳，发挥出自己应有的人生价值。因为在当今的社会，不懂得分享与合作，全凭自己单打独斗就能完成的事情，已经很难找到了。

孩子对自己拥有的食物、玩具等东西，一般都不会主动拿出来与小伙伴分享，这是因为孩子下意识里会觉得，拿出自己的东西给别人吃或者玩，自己的零食就少了或者说吃亏了。

我的儿子小塞德兹也是如此，一般情况下，他都不会主动与人分享自己拥有的东西。

记得有一次，我带他出去玩，临出门前，他拿了一个面包吃，我担心儿子饿，随手又拿了一个，放在了小塞德兹口袋里。

随后，我们就出了门。刚走出家不远，就看到前方有一对母女。她们两人我认识，孩子五岁左右，名叫艾米丽，她妈妈经常带着她出来玩。

看到她们之后，我带着儿子紧走几步，上前主动打招呼："你们好啊，出来玩呢。"

"是啊，你也带着小塞德兹出来玩啊。"艾米丽的妈妈回应着。

这时候，小塞德兹停下吃面包，走上前主动说了句"阿姨好！"然后，叫了艾米丽一声，两个孩子交谈了起来。

我注意到，艾米丽的眼睛一直盯着儿子手里的面包，想到小塞德兹兜里的那个面包，我就把他叫到面前说："儿子，你兜里的面包呢？把它拿出来给艾米丽吃吧。"

"爸爸，我还吃呢。"小塞德兹看了我一眼，小声说，有些不太情愿把面包拿出来。

"咱家里还有。我知道你向来都很大方，愿意把自己的东西与朋友分享，对吗？"听我这样说，小塞德兹犹豫着把面包拿出来，递给了艾米丽。艾米丽立即喜笑颜开，拉着小塞德兹的手，欢快地往前走。

路过旁边一个小卖铺时，艾米丽的妈妈走了进去，买了几块巧克力，把它们分给了两个孩子。

我想，她是觉得自己女儿吃了我们的面包，有些过意不去，就买了巧克力。

小塞德兹有了巧克力吃很高兴，回到家的时候，还一直给我说："爸爸，真没有想到今天能吃到巧克力，艾米丽的妈妈真是太好了。"

"呵呵，这是因为你把自己的面包给艾米丽分享了，她妈妈才会想着把好吃的给你。今天，你不仅吃了面包，还吃到了巧克力，开心吗？"

"开心！"小塞德兹兴奋地说。

自从经历了这件事情，小塞德兹有了好吃的食物，就愿意拿出来与别人一起分享了。

会分享的孩子才会收获更多的快乐。许多父母不明白，自己把什么都给了孩子，孩子还是会生气，不开心，而有些孩子，父母并没有怎么满足他们的要求，他却过得很快乐。其实原因就在于，父母要引导孩子用什么样的心态来面对生活。

一个懂得与人分享的孩子，会更在乎精神上的收获，而不是物质上的占有。他懂得和别人分享，能够收获更多的东西，远比独自占有要快乐。只有在与人分享的过程中，孩子才能学会如何与人合作。

父母对于孩子的分享品质，要越早培养越好，越大就越难以矫正。让孩子在分享中学会去爱人，也收获到别人的爱。

通过这样做，孩子会学着与人分享。不过，父母教孩子与人分享的时候，一定不能强迫，否则孩子不但不愿与人分享，有可能还会惧怕与人分享，起到相反的作用。

有一次，我带着小塞德兹去朋友艾妮家玩，当时她的女儿多芬正在吃芒果。艾妮看水果盘里还有一个，就拿起来递给小塞德兹说："威廉，给你芒果吃。"

"拿来，这是我的芒果。"还没有等艾妮送到小塞德兹手中，多芬就上前一把夺过了芒果，往里面一间屋子跑去。

"这孩子，怎么如此不懂事？把芒果给威廉吃。"艾妮追着女儿，去夺芒果。

“威廉不吃，别朝多芬要了。”我冲着朋友喊。

但是，艾妮可能觉得女儿做得太过分了，坚决要把芒果要回来，头也不回地去追。

最终，她把芒果要了回来，递给了小塞德兹。而多芬，从屋里走出来的时候，眼睛里却含着泪。看得出，她十分不情愿把芒果与别人分享，是妈妈硬逼迫着自己，不得已才如此。

见此情景，我把艾妮拉到一边，悄悄对她说：“你想让孩子学会与人分享，这是好事，但用逼迫的办法，怕是适得其反啊！”

“你不知道，多芬这孩子，一直都喜欢吃独食，我早就看不下去了，今天我要让她明白，愿意不愿意，都不能再像以前那样，有什么好吃的就一个人独享。”

我听后，摇了摇头说：“我觉得你今天这样做，结果不会很理想。”艾妮听了不以为然，我也就没有再多说什么。

这件事情发生后不久，有次我带着小塞德兹去买东西，正好在路上碰到了艾妮母女。

远远地，我就看到多芬慌忙把手中的物品往身上藏掖，看样子是好吃的糖果或者别的小零食。

见此情景，联想到上次发生的事情，我觉得是艾妮强逼着女儿让女儿分享自己爱吃的食物，多芬才会如此害怕与人分享。到了此种情况下，若再想让孩子把自己好吃的或者好玩的拿出来与大家一起分享，就更难了。

我在生活中经常发现，有些做母亲的，看到孩子吃零食，会逗孩子说：“宝贝，给妈妈吃好吗？”而当孩子把零食递给妈妈的时候，却把它推开说：“宝贝真乖，妈妈不吃，还是你吃吧。”

这样，久而久之，孩子就会认为，父母不会真的要吃自己的食物，自己也没有必要去给他们吃，对于别人也是如此认为，这样孩子很难学会与人分享。

因此，当孩子拿着食物给自己吃，作为父母或者长辈的，最好是开心地吃掉，孩子见自己这样做会使别人高兴，自己也会开心，愿意分享的行为就会继续下去。

当然，分享，不仅局限于吃的食物和玩的物品这些东西，还包括心情、知识、资料，等等。孩子稍微大一点之后，父母就要让他意识到这些东西都可以分享，而且应该去分享，并鼓励孩子去与人分享。

我教小塞德兹学习知识、语言、技能，在他掌握了之后，我便鼓励儿子把这些东西传授给那些和自己一起玩的孩子。

此时，小塞德兹也就是五岁左右，在我的鼓励下，他便给伙伴们当上了小老师，向他们讲解自己学到的内容，还认真解答伙伴们的提问。

每次这样做之后，小塞德兹都很开心，回到家告诉我自己讲了哪些内容，谁学得最快，哪个孩子的问题最多，等等。

看到儿子这个状态，我知道，以后再也不用担心他不去与别人分享了。因为，小塞德兹从中得到了快乐，这就已经足够了。再加上与人分享，还会得到别人类似的回报，使孩子拥有更多，他理所当然会更加乐意地去与人分享。

分享之所以会带来乐趣，是因为在与人分享的过程中，孩子感受到了从另一方传递过来的热情、亲切、柔和、友爱。

这些情绪会迅速地传递给孩子，让孩子感受到了这种温暖和快乐。所以孩子要想学会与人分享，让别人乐于与自己分享，就要学会把自己的热忱传递给别人。不要给人冷冰冰、阴森森的感觉，这样子是不利于与人分享的。

一般情况下，孩子不愿意把属于自己的东西拿出来与人分享，是感觉到这样做，自己吃亏了。所以要让孩子知道，与别人分享，不仅不吃亏，相反会拥有更多。

父母还应该让孩子认识到与人分享的好处以及重要性，并鼓励孩子去与人分享，使他亲自体验到自己这样做给别人和自己带来的快乐，孩子才会乐意如此去做。

第五章 儿童教育应把握的重点和难点

» 正确对待孩子的早熟问题

我已经讲述完了我的教育观点，以及我的孩子的成长过程和我对孩子的教育理念。但是，很多人会对我的教育理念产生怀疑，他们认为我的教育理念不适合孩子的发展，甚至会对孩子产生危险。

但是，我想跟大家说的是，现在学校的教育模式才是孩子成长的最大障碍，不利于孩子的成长和发育。

但是，还有一些家长这么说，如果孩子一直用脑就会伤害孩子的大脑。所以，家长不愿意让孩子学习太长的时间，希望孩子可以健康的成长。

但是，据我从事神经学研究多年的经验，我可以告诉大家，如果孩子是因为自己的兴趣而学习，那么，孩子的大脑不会有任何损伤。但是，如果孩子是被迫进行学习，这必将对孩子的大脑造成巨大影响。

这很大程度是由现在的教育模式导致的。我们的教育是十分不合理的，在应该对孩子开始教育的时候，我们总是以各种理由推迟孩子的教育，就这样浪费了孩子的能力。

可是，当孩子没有这种能力的时候，我们却要求孩子学习各种各样的知识。正是因为我们这样的行为，才使得我们孩子的大脑出现损伤，这都是我们自己造成的。

我这里讲了我所信奉的教育方法，如果大家可以按照我的方法去

教育孩子，那么，我相信你将会看到一个非常不一样的孩子。

如果从 3 岁开始，家长就开始注意孩子的教育的话，那么，孩子会在以后的生活中形成自己特有的学习方式。同时，也有利于孩子的各个方面的成长和发育。

这些都是我自己的认知，也是通过大量实践经验的验证所获得的。所以，我相信这些教育理念可以帮助我们培养孩子，开发孩子的潜能，将他们培养成真正的天才。

这并不是一件非常困难的事情，只要我们愿意付出努力，我们就可以做到。现在，可以说我们每年都花费很多财力和物力在孩子的教育问题上，这都是我们应该付出的。

如果我们的孩子，可以在小学的时候拥有和大学生一般的知识储备，那又会怎么样？很多人会觉得这非常不可思议，但是，我不这么认为，我认为只要每一个孩子都充分发挥自己的潜力，这是可以做到的，并且可以做得更好。

只要我们对孩子有信心，愿意去帮助孩子，培养孩子的智力，这一切都是可以实现的。

但是，我想说明的是，我并不是说孩子的学习一定要好，这不是我注重的。我更关心的是孩子的潜能，如果我们可以让孩子真正地发掘自己的潜能，那么，孩子就会很好地成长。

我想，不只是我，我们所有人都不愿意看到那些很有潜能的孩子，因为这些教育制度而变得平庸。

我需要再提我的孩子，小塞德兹就是因为我对他进行了早期教育，所以使得他在以后学习东西时都吸收得特别快，他才可以有那么辉煌的人生。这和小塞德兹早期所接受的教育是密不可分的，所以，我希望父母可以对孩子开展早期教育。

同时，小塞德兹的身体也十分健康，并没有患任何的大脑疾病，他的其他机能也很完善，没有出现任何异样。他跟别的孩子没有任何差异，也没有失去任何童年的欢乐，这就是我所主张的教育理念。

由此我们可以知道，早期教育对孩子的成长是极为关键的，我们应该让孩子接受早期教育，不应该到了入学的时候，才让孩子接受教育，这样不利于孩子的成长。

弗朗西斯科·凯尔顿斯曾经这样描述过人类所具有的能力，他认为我们现代人和古希腊人的差距就相当于非洲土著人和我们的差距。这是一种说法，但是，我们没有办法来证明我们真的优于古希腊人。

我想说的是这种观点是不正确的，人类的能力是无限的，我们不可以定论人类的能力。现代人优越，更多的是因为我们的教育，教育才是社会发展和人类进步的根本，也从根本上决定了我们的人生和社会发展的方向。

所以，我们应该重视教育的重要性，教育对我们所起的作用是任何事物都无法代替的。

可是，现在我们的教育工作者听不进任何指责他们的言论，他们更多的是沉浸在自己的世界中，不愿意听取别人的意见。

所以，我才写这本书，我希望看到这本书的读者，可以认真考虑这些事情，你们到底希望自己的孩子将来如何发展，你们自己做出自己的选择吧。

我有一个问题需要向大家解释一下，我文中一直提到一个人，他一直跟我探讨孩子的教育问题，他也有一个和小塞德兹一般大小的孩子，这是真实存在的。

但是，我并没有用真实的名字，因为，怕对自己的朋友产生不利的影响，我把他们称为哈塞先生和格兰特尔，希望大家可以理解。

同时，在写作的过程中，我故意在他们的身上添加了一些平庸的色彩，这都是为了让大家可以明白我的教育理念，并不是要伤害我的朋友。如果我的言语真的使我的朋友感到难过，我在这里向我的朋友

道歉。

同时，还有一些事情，也是真实发生的，只不过我将他们放在了哈塞父子身上，希望大家也能够理解，这仅仅是一种写作的方法，也不是要对我的朋友进行人身攻击。

希望我的朋友可以理解我，并且在最后，向我的朋友道歉，希望你们可以原谅我这样的行为，也希望不要对你们的生活造成任何的影响。

» 关于思想颇奇儿童的教育

我所提的思想颇奇就是指一些孩子的表现异于他们这个年龄，这极有可能出现在我们的社会中。对于这些孩子，我们需要予以关注，让孩子的行为可以变得正常。对于孩子，我们应该给予他们帮助，让孩子能够真正的成长，这才是我们的用意之所在。

现在，对于孩子的教育问题，我们有很多缺失和不足之处。我们常常忽视对孩子的教育，这样长期下去，不利于孩子的自身发展以及孩子各方面能力的提升。

尤其对于孩子在智能上的问题，几乎已经被我们所有的家长所忽视，他们没有认识到这个问题的重要性，也没有给予孩子在智力上的帮助，这样我们是十分痛心的。因为，孩子是社会的未来，这样不仅不利于孩子的成长，也使我们的社会无法提升和前进。

但是，一般当我们的家长开始注意对孩子进行教育的时候，通常已经错过了最佳的教育时间。这时的孩子已经养成了自己固有的学习方式，要改变这种学习方式，几乎是非常困难的。

当孩子正在想如何学习的时候，我们大人没有帮助他们，当他们已经形成自己固有的学习模式之后，却要让孩子被迫去改变这种学习模式。

孩子没有能力去改变，他们只能让自己停留在这样的水平去学习，这就是他们可以做的。所以，我们家长真的应该重视孩子的早期教育，这对于他们的一生都有极其重要的影响。

我们应该在合适的时间对孩子的大脑进行开发，比如，这个时间孩子处于嗅觉的敏感期，我们就应该让孩子接触更多的与嗅觉有关的事物。

如果我们错过这个时间，那么，我们将无法激发孩子这方面的能力，孩子的这方面能力也将因此而消失。当我们意识到，想要帮助孩子获取这种能力的时候，已经没有可能了。

对于孩子某些方面的不足，很多家长却这样认为，这是天生的，他们也没有任何办法。我想说的是，正因为我们知道孩子在一些方面存在不足，所以我们才会想用各种办法去弥补。可是，作为孩子的家长，他们却认为这些是不重要的，也不需要去关心这些事情。

我们没有帮助孩子发展他们的智能，却一直要求孩子要学习好，并告诉他们各种各样的规则和条框。他们没有自己的自由，也无法表达自己的不满。

在这样的逼迫环境中，孩子又如何可以安心的学习呢？他们又怎么可能把自己的心思放在自己没有任何兴趣的课程中呢？这样长久下去，他们将会变成俗物。

无论是在学校还是在家中，他们都被要求遵守各种各样的规则。这是学校或是家长给他们的要求，他们必须活在这些规则之中。

如果他们不小心违反了这些规则，他们就要受到相关的惩处，这就是代价。同时，很多老师和家长都会认为，违反规则的是坏学生，只有遵守规则的才是好学生。

我们的孩子就是在这样的环境中成长起来的，每天都要受到这些规矩的制约，又怎么可能充分发挥他们的潜能，进行创新呢？很多孩子就是在这样的教育环境中渐渐地磨灭了自己创新的意念。

可是，很多人却认为这是孩子自己的原因，不关他们任何事情。他们就这样把责任推得一干二净，并不认为自己的教育存在任何问题，更加不会想到就是因为他们忽视早教，才使得孩子错过了最佳的智力发育期。

他们相信这是因为孩子天生基因不好，所以才会这样愚笨和无知。这是他们的观点，他们就这样将责任推得彻彻底底。

我们也可以对他们进行驳斥，他们相信先天的因素就可以决定孩子后天的发展。可是，达尔文的进化论并不是这样说的，这无疑是辩驳他们的最佳理由。孩子的后天教育，对孩子的成长将会起到至关重要的作用，我们不应忽视它的作用。

孩子的童年对孩子的一生将会产生重要的影响，尤其是孩提时的可怕经历，将会使孩子的一生都生活在恐怖的环境之中。很多患有精神病的人，他们基本上都是由于儿时的恐怖经历造成的，并且在他们的脑海里挥之不去。最终，一旦外界刺激，之前儿时的恐怖经历重现，就会引发诸多精神疾患。

所以，童年的回忆对于一个人来说，是多么的重要，甚至会决定孩子未来发展的道路，这就使我们必须关注回忆，并开始重视它们。

如果我们真的重视教育，就应该让孩子从出生就开始接受到，我可以肯定地说，这个孩子是幸运的。因为，不管未来他遇到什么情况，他都可以通过自己的力量很好地解决，并且最终实现自己的梦想。

因为，他的大脑中有明确的认知，知道自己应该如何判断这件事情，并且可以很好地根据自己的认知进行处理。所以，对孩子进行正确的教育，可以帮助孩子一生的发展，对孩子而言是受益的。

我们应该给予孩子自由，让孩子知道他存在的价值，让他们感受到幸福。我们不应该让孩子从小就生活在我们制定的各种框架之内，这样对孩子的发展是极为不利的，更加不利于孩子的智力提升和内在潜力的开发。

我们需要知道，只有智力正常的孩子才能够成功，才有可能变成我们每个人心目中的优秀的人才。

可是，我们自己的行为，却让我们感觉到我们似乎并不喜欢才能出众的孩子。因为，我们的行为都是在对他们进行压制，害怕他们表现出超乎常人的优异。

很多情况下，我们并不希望孩子表现出过高的才能，只是希望他们可以对自己一味地顺从和服从，这似乎才是大人们所期盼的。

但是，我想告诉各位家长，当我们这样做的时候，使多少孩子的才能被迫掩盖，使他们无法实现自己的想法。所能做的就只剩下服从，其余的他们什么都不能做。我们在这么做的同时，其实在无形中已经阻碍了社会的进步。

但是，我想说的是，社会上的这些不能之辈势必会阻碍社会的发展。我不会否认社会的发展需要他们，但如果整个社会都是他们，没有才能突出的人，又如何前进，谁来领导？这对于社会来说，是恐怖的，我们将会生存在一个没有任何希望，甚至让人绝望的社会。

我们可能就会像“阿拉丁神灯”中的人一样，没有任何思维和意志，只有服从和顺从。

对于大规模的战争爆发，如果我们要探究它的原因。可能很多人会从政治、经济、风俗等方面进行考虑和分析，以此来探究战争爆发的原因，根本不会有人从教育这个角度去探究。但是，我却认为现代社会爆发的大规模战争，很大程度上是由于我们教育的缺失而引起的。

我们每一个人从一出生，就要生活在各种各样的束缚之中，并且要接受各种各样的训练，让我们学会如何在这个社会中生活，如何适应这里的一切。

在这样所谓的训练之中，我们没有了自己的意志，我们已经被社

会的意识所同化，变成凡庸的社会一员。不仅是这个地方，整个世界已经被这样的庸俗之人把持，我们没有办法反抗。

我们应该知道孩子是社会发展的动力，决定着社会未来的发展方向。我们应该关注孩子，让孩子获取正确的教育，而不是要奴化他们的意志，磨灭他们的创造力。

我们大人已经成为社会的奴隶，只能顺应社会，勉强维持生计。但是，孩子是社会的希望和未来，我们需要给予他们最好的教育方式，而不是将他们制造成一个个庸才。

我们看到孩子非常的可爱，他们对社会也有很强的适应性。我们不应该从一开始就让孩子墨守成规，我们应该让孩子按照他们自身的需求进行发展。因为他们具有极强的潜能，值得我们去挖掘。

很多实验都证明，人类到一定的年龄，生命体中那些可以帮助我们适应环境的功能将会逐渐地退化，剩下的将是我们已经接受的生活和活动模式，我们的思维也将停留在这样的模式之中，几乎无法变更。

但是，孩子不一样，他们所有的一切都没有形成，他们需要去塑造自己以适应社会的发展。所以，是极容易改变的。

我认为，孩子是很善良、纯真的，他们没有任何坏的想法和邪恶的念头，他们的心理是纯净的、透明的。所有的孩子都很无私，拥有大爱，他们没有任何杂念和欲望。

他们的要求也很简单，可能仅仅是想要一个糖果或者一个鸡腿，这就已经足以满足他们的欲望。孩子的灵魂是高尚的，我可以这么说，孩子的灵魂远远超过我们这些浸泡在社会中的俗人。

但是，这些纯净会随着思想的退化而消失，会被贪婪和欲望所取代，唯一可以改变这种状况的就是教育，只要我们可以接受教育，明确是非黑白，那么，我们才能够让自己停留在自己想要的状态之中，保持自己内心的纯净。

我们说到成人的思想能力会随着年岁的增长而减弱，但是，孩子却不会。孩子是新的生命，他们的思维正处于建立期。所以，他们会对所有的知识都充满获取的欲望，想要将其占为己有，这就是孩子。

所以，有天分的人就在他们中间。

在孩子身上，我体会到了善良和人性。但是，在大人的世界，我看到的却是杀戮和凶残。他们没有任何良知和人性，时时刻刻都在想如何可以让别人陷入困境。

我认为我们的孩子都是可造之才，他们可以超过古代的圣贤，带动我们社会的发展。我们应该给予他们帮助，让孩子们更好地成长，这样孩子们才可能真正地实现社会的前进和历史的进步。所以，我们真的需要帮助孩子，从小就对孩子展开教育。这样，才可以真正地帮助孩子。

迈诺特是一个生物学家，他调查得出这样的结果："一个人的心理发展离不开身体的发展，这就需要我们重视人类的教育问题。"我必须说，这对于社会发展将是重要的论证。

我们应该正确地认知这些事情，了解人类社会的现状。同时，也应该试着做些改变，尤其是大学教育。

在大学教育中，我们故意推迟他们的年龄，这是正确的吗？我认为是不对的，孩子们应该可以更早些接受大学教育。

我认为让孩子早些进入大学是正确的，这样，孩子可以很快地从大学毕业，并且进入社会，得到社会的锻炼。我觉得这对于孩子的成长是有益的，孩子在这样的环境中，可以很容易地激发自己内在的潜能，实现自身的飞跃和内在的进步，这是我们所希望看见的。

在我看来，如果一个孩子可以很好地获得早期教育，那么，他可以更好地开发自己的潜能，将自己培养成有用之才。相反，那些没有经历过早期教育的孩子，只能接受自己的命运，成为平庸中的一员。

所以，为了人类社会的发展，我们应该给予孩子的早期教育以足够的重视，帮助孩子成长为社会的栋梁之才，这才是我们教育的真正目的所在。

» 避免孩子过于崭露锋芒

小塞德兹很早的时候就已经通过了大学的入学考试，但是，由于没有达到入学年龄，所以，他被麻省理工学院和哈佛大学拒之门外。

现在，小塞德兹终于达到了大学的最低入学年龄，于是，他迫不及待地进入了心仪的大学学府学习。

小塞德兹进入大学的消息，上了当时报纸的头版。很多人都在感慨小塞德兹 11 岁的年龄就可以进入哈佛大学学习，实在是让人钦佩。小塞德兹这时已经掌握了很多知识，很多大学生都只能望其项背。

紧接着，就发生了一件更让人震惊的事情。那是在 1910 年 1 月，大雪一直下个不停，整个哈佛大学都披上了白衣，校园是那么的安静。

就在这一天，小塞德兹要在哈佛大学举办自己的第一次讲座，很多人都慕名而来，想听一下他会在讲座上说些什么。

讲座在一个只能容下 100 多人的场所举行，为了能够一睹小塞德兹的风采，当讲座还没有开始的时候，已经有很多人进入会场开始等待了。

值得一提的是，在这些来听讲座的人中，大多是数学方面的专家和学者，也有一些数学方面的研究生，还有很多其他学校的学生和老师。非常著名的科学家维纳也在其中，他在未来提出了控制论的理念。

就在大家议论纷纷、猜测着讲座内容的时候，小塞德兹出场了，他看起来非常幼小，还穿着灯芯绒制的短裤。这是他的第一次讲座，他的心里十分紧张，也有些惊慌。

讲座开始了，可能由于紧张的原因，小塞德兹的声音非常小，以至于很多人都听不清他在说什么。

渐渐地，随着讲座的深入，小塞德兹逐渐地放开了自己，声音也变得洪亮起来。他所讲的是数学领域的“思维体”，听到后来时，很多知识渊博的数学学者都很难跟上小塞德兹的思维。

在讲座结束后，有半个小时的提问时间，这个过程可以说十分精彩。很多教授都向小塞德兹提出了各种各样的问题，小塞德兹全都给出了让他们满意的答案，这让在场的所有人都感到惊讶不已。

维纳教授曾经这样说过：“小塞德兹的那场讲座真的让我毕生难忘，他讲的那些数学问题是研一甚至研二的学生才会接触的，小塞德兹仅仅是一个 11 岁的孩子，他竟然可以解释这么深奥的问题，真是让人钦佩。”

当时，还有很多其他学校的老师，其中一位是来自麻省理工的教授丹尼尔·斯托克，他曾经这样向记者说道：“小塞德兹真的是一个天才，他并不像其他人认为的那样，只是在对知识进行记忆，实际上，它是对知识进行探索。”

“这是非常重要的学术精神，这种精神会让我们把小塞德兹和高斯相提并论。我相信小塞德兹未来一定会非常伟大，他会成为一个非常优秀的科学家。”

在 12 岁的时候，小塞德兹开始学习大学二年级的课程，但是，小塞德兹的兴趣十分广泛，他经常去听其他班级的课，有时候甚至会去听研究生的课程，他的博学在学校非常有名气。

小塞德兹在语言方面有很高的天赋，他很喜欢希腊语，所以，一有时间，他就去听古典语言课程。

有一次，老师要在课堂上讲解《伊利亚特》，于是，他给每一个学生都发了一个译本，希望可以帮助学生学习这本书籍。但是，小塞德兹却发现其中一个地方出现了错误，他不由得站了起来。

所有的人都看着小塞德兹，教授问小塞德兹：“怎么了，威廉？”

这时，小塞德兹对教授说道："老师，我发现这里有一处错了。"教授十分诧异，因为，他本身十分精通希腊语，他并没有发现错误所在。

这时，小塞德兹说道："老师，是这个译本的问题，你没错。"这让教授更加惊讶了，他难以想象这么小的孩子会希腊语。

正在大家非常诧异的时候，小塞德兹开始将希腊语的原文当着大家的面背诵出来，并且用英语又重新说了一遍。经过仔细分析，教授发现译本真的出错了，他自己都没有注意到这个细节。

从那以后，大家经常可以在语言课上看见小塞德兹的身影，这是他的兴趣所在。小塞德兹在语言和文学上都有着很高的天赋，对于他来说，阅读很有哲理的书籍就像很多孩子读小说一样容易，他丝毫不觉得困难，反而觉得十分容易和轻松。

除了这些，小塞德兹还学习了神学、史学等其他课程。在学习的同时，小塞德兹还用自己的时间研究美国的政治和宪法，这真让人觉得不可思议。

在哈佛大学，几乎没有人不知道小塞德兹这个人，很多人都十分佩服小塞德兹。在上学的过程中，小塞德兹还写过拉丁语和希腊语的语法书。

小塞德兹的妹妹海伦娜曾经这样评价自己的哥哥："我知道爸爸懂得 27 种语言，但是，对于哥哥来说，他真是非常了不起，我都不知道他会多少语言，他真的很神奇，几乎一天的时间，哥哥就可以学一种语言。"

1914 年，小塞德兹大学毕业了，他获得了学士学位。但是，过了两年，小塞德兹开始读博士，他又回到哈佛大学。小塞德兹在当时就是一个奇迹，很多人都对小塞德兹十分钦佩。

» 孩子的成长离不开生活的磨炼

经过一年的在家学习，小塞德兹终于到了进入中学的最低年龄，这也意味着孩子可以去学校学习了。小塞德兹也十分高兴，因为，他终于可以去学校和小朋友们一起学习了。

但是，小塞德兹在中学还是用很快的时间，就学完了中学应该学习的内容，这里的一切对于他来说都是十分的简单。

仅仅用了一个半月的时间去学习中学的知识，这对于常人来说，简直是无法理解的神奇。从那以后，小塞德兹并没有离开中学，因为他还没有到年龄进入大学，所以，他就当起了老师的助手，帮助老师完成日常的教学工作。

所以，在家的时候，小塞德兹经常一个人看一些大学书籍，甚至自学大学数学，连我都无法解决儿子现在遇到的难题。

更令人惊讶的是，小塞德兹在看一本亨廷顿博士的书籍时，竟然发现了博士的错误，还写信给哈佛大学告知其错误。博士十分惊讶，但是，他接受了小塞德兹的更正，并在自己的书中也明确指出了这个错误。

小塞德兹的成就让所有人都为之惊叹，但是，他的成就是由于他的不懈努力而获得的。同时，也离不开我们的悉心教导，这一切的一切才使小塞德兹可以拥有现在的一切。

可是，有一段时间，却让小塞德兹非常苦闷，我看到小塞德兹每天都把自己困在房间里，几乎不出门。而且，我很久没有看见孩子的脸上露出喜悦的表情，这样我感觉到非常的不安。

于是，我在孩子走出房门的时候，便问孩子："威廉，你最近怎么了？我觉得你非常不对劲。告诉爸爸，到底发生什么事情了？爸爸或许可以帮助你。"

可是，小塞德兹似乎并不想要我知道发生什么事情了，只是轻轻地对我说："爸爸，没什么，不要担心了。"

可是，我知道孩子肯定遇到事情了，便继续追问："威廉，我是你父亲，我可以看出你的内心，你是不是遇到知识上的疑难了？"

小塞德兹惊讶地看着我，然后说道："爸爸，对的，我真的遇到了，

而且，我花了很长时间都解决不了。”

我对小塞德兹说：“不要难过，孩子，这对于我们每一个人来说都是正常的，只要多花些时间，我相信你可以做到的。”

但是，小塞德兹仍然没有任何兴奋的表现，对我说：“爸爸，你错了，这一次我真的不行了，因为，我从来没有像现在这样，对知识感到非常的迷茫。因为，我完全没有思路，我想我已经把自己的才能用尽了。”

我非常疑惑地问小塞德兹：“威廉，你怎么变成这个样子，怎么已经让消极感充斥了你的大脑？”

小塞德兹说：“父亲，我从来没有现在这样的感觉，我感到自己已经没有能力去应付这些知识。以前，我学习新的东西都非常快，可是现在却非常难，我真的想不出来。我或许就不应该学习大学的课程，我真是自讨苦吃。”

我看着小塞德兹这个样子，心里非常难过，问道：“威廉，那你有想法吗？”

“爸爸，我不想再学大学的知识了，我觉得很难，我心里很不好受。如果我不学习，可能心里会好受点。”

我也很难受，对小塞德兹说道：“威廉，这真的是你的真实想法吗？”

小塞德兹继续说道：“爸爸，这是真的，我真的觉得自己很差劲，根本就不是什么神童。有很多事情我都没有能力办到，我很羞愧。”

我知道小塞德兹现在已经迷茫了，我需要帮助他走出困境。这对于孩子来说是非常重要的，如果解决不好，甚至会对孩子的一生都造成极其恶劣的影响，我真的不希望小塞德兹就这样迷茫下去。

我想了一个晚上，一大早就来到威廉的屋子里。

我说道：“威廉，我认为我们需要深谈一次，我觉得你现在已经处于非常混乱的状态下。”

小塞德兹说：“爸爸，我们是应该交流一下，我真的非常不舒服，我需要你的帮助。”

“爸爸今天给你讲一个故事，这是关于帕格尼尼的，你应该认识他吧。”这是我想了一晚上想出来的方法，我希望可以从这个角度帮助孩子走出心理的困境。

小塞德兹的兴趣很快被调动起来，他对我说道：“爸爸，我知道的，他是一位音乐天才，我很喜欢他的作品。”

“那你知道，他最擅长的除了小提琴，还有什么吗？”我对小塞德兹说道。

小塞德兹想了想，摇摇头，表示不知道。

我对小塞德兹进行提示：“就是你也很喜欢的乐器。”

小塞德兹很兴奋地告诉我：“原来，他也喜欢吉他，我真的不知道啊。”

我继续给小塞德兹讲述：“帕格尼尼也是在一次偶然的时候，发现了吉他，并且无可救药地喜欢上了它。但是，刚开始的时候，他没有办法演奏好吉他。

“当时，帕格尼尼已经非常有名气了，他不想别人说他不好。于是，他下定决心要学好吉他。他用了 4 年的时间，让自己远离人群和城市的喧闹，独自一个人静静地学习吉他。

“他成功了，他最后将吉他演奏到了很高的境界。所有的人都为他的成功喝彩，但是，很少有人知道他付出的努力。”

小塞德兹似乎明白了我的话，于是对我说：“爸爸，我知道了，我会坚强的，不会在自暴自弃了，我需要努力。”

我笑了，我终于看到昔日充满活力的小塞德兹了，继续对他说道：“威廉，你一定要记住，每一个人都会遇到困难，我们不应该轻易放弃，我们需要努力才能战胜困难。”

小塞德兹懂得了其中的道理，他知道自己应该怎么做了。很快地，小塞德兹就开始重新学习了。

» 帮助孩子解除“完美”情结

小塞德兹在舅舅家生活时，每隔一段时间，就要给我写信，给我说自己最近的现状。他从来没有过离家这么长时间，所以，他的信里很多内容都是在表达他对家和我们的思念。

他告诉我，这个家里经常只有他和舅妈还有表姐，因为舅舅工作很忙，所以很少待在家里。但是，他觉得自己是一个男人，和女人一直在一起十分不方便，而且他应该保护她们。所以，他不愿意待在家里，自己经常去外面捉很多蝴蝶，然后将它们做成昆虫标本。

我那段时间工作很忙，但是，我和莎拉还是每周都去乡下看望小塞德兹，这也是小塞德兹最幸福的时刻，因为，他可以见到我们，而且还可以和我们一起去大自然享受新鲜的空气，这是小塞德兹非常快乐的时刻，也是每周最希望到来的时刻。

又到了这一天，我很兴奋地来到乡下，还没有进门，我就开始喊小塞德兹的名字，但是，却没有人回应我。

我感到非常奇怪，因为，平常的时候，小塞德兹早已经兴奋地跑出来了，可是，现在我连孩子的影子都没有看见。

我走上前去敲门，这时，小塞德兹的舅妈出现了，她脸上的表情非常难过，我觉得感觉非常不好。她们把我带到小塞德兹的房间里，这时，我终于知道发生什么事情了。

我看见小塞德兹一个人躺在床上，便马上跑过去，伤心地看着他。

“威廉生病了，他昨天一直在发烧，今天稍微好点。但是，精神还不是很好，身上还是有点烫。”舅妈给我讲述着小塞德兹的症状，心疼地看着小塞德兹。

小塞德兹听见了说话的声音，他慢慢地睁开了眼睛。

这时，小塞德兹模糊地看见了我的身影。他兴奋地叫了起来：“爸爸，爸爸，你来看我了吗？是你吗？我好想你啊！”

我非常心疼，对小塞德兹说："是的，真的是我！不要起来，孩子，快休息一会吧。"

这时，舅妈已经出去了，这个房间只剩下了我和小塞德兹。小塞德兹激动得都要哭了，他十分想念我。我也非常内疚，因为，这段时间我没有陪在他身边，没有好好地照顾他，我觉得这是自己的失职。

小塞德兹对我说："爸爸，你知道吗，我最近十分难受。"

"我知道，孩子，你生病了，所以，你才感觉到不舒服的。"我对小塞德兹说。

小塞德兹则说道:"爸爸,不是这样的,这和生病没有关系。"我感到，孩子似乎还有其他的事情。

于是，我问小塞德兹："到底发生什么事情了？你跟爸爸说说。"我一直认为小塞德兹非常坚强而且又自信,我不知道到底发生了什么事情。

小塞德兹于是向我说了说最近发生的事情。

原来，小塞德兹还是像平常一样去外面捉蝴蝶，这一天，天气很好，外面的空气也很清新。蝴蝶还是那么美丽，它们在大自然中自由地舞动翅膀。

小塞德兹非常兴奋，他还是像以前一样，拿起他的网兜捉捕着蝴蝶，很快地小塞德兹捉到一只。但是，很奇怪，这只蝴蝶并没有像之前捉的那些蝴蝶一样，挣扎着要离开这个网，它一动也不动。小塞德兹想知道到底发生了什么事情，但又害怕蝴蝶跑了。所以，他很小心地翻开自己的网。

当他翻开的时候，他才发现，原来蝴蝶已经死了。蝴蝶死了，对于捕捉蝴蝶来说，这件事情很正常，他们会经常因为自己用力过猛，而把蝴蝶弄死。但是，通常很多孩子会很快再去捉下一只。

可是，小塞德兹却十分难过，他没有办法原谅自己的行为，他认为自己犯了罪，因为自己的失误让小蝴蝶死去了。这件事对小塞德兹

的打击很大，他实在无法原谅自己的过失，也因为这件事情，小塞德兹一直闷闷不乐。

这样的状态维持了很长时间，因为，他一直认为这是他的过失，才造成了小蝴蝶的死亡。

小塞德兹对我说：“爸爸，我的心里非常难过，它就这样死去了，我真的非常伤心，这是我造成的，我应该对蝴蝶的死负责任。”

我知道小塞德兹已经走进死胡同，我对他说：“威廉，你不应该这么想，你完全不知道事情会变成这样，这只是一个意外，你不应该将一次意外划归为自己的过失。”

但是，小塞德兹依然非常伤心，他没有办法从悲痛中走出来。

我知道他现在什么都听不进去，我希望用一些言简意赅的道理，让孩子走出阴霾。于是，对小塞德兹说：“威廉，现在蝴蝶已经死了，我们没有任何办法可以改变事实，你应该振作起来，勇敢面对未来。”

但是，小塞德兹仍然让自己纠结在痛苦之中无法自拔。

我继续说道：“威廉，我们没有办法改变什么，我们现在只能做的就是更加爱护动物，珍惜动物的生命，这样，就可以弥补你对小蝴蝶造成的伤害。”我真的不想看到孩子继续这么颓废。

这句话似乎起到了作用，小塞德兹兴奋地跳了起来。

等小塞德兹病好了以后，我带着孩子又去了野外。希望孩子可以呼吸一下新鲜空气，有利于小塞德兹的身体健康。但是，这时候他又遇见了蝴蝶。

这些蝴蝶的出现，又将小塞德兹带入了忧郁的情绪之中，他又想起了那只死去的蝴蝶。他开始难过了，我问他：“威廉，你怎么了？”小塞德兹回答道：“爸爸，我心里好难过，是我害死了它们的同伴。”

我对孩子说：“威廉，我们的生活中，肯定会遇到很多事情，这只是其中一件小事。如果你一直让自己纠结在这里，那我们怎么发现美好的事情呢？世界上的事情不是完美的，也不会每一件事情都合我们的心意，我们必须学会面对它们，这样我们才能够向更加美好的未来进发，否则，我们将无法看见明天。你再看看这些蝴蝶，它们是那么的快乐，并没有责怪你，你应该像它们一样，这样我们的生活才会充满希望。”

这时，小塞德兹的内心终于得到释怀了。

随着孩子生理和心理的成熟，对自己的要求也会越来越高，在自我定位和周围的人对他们的评价中，形成了追求完美的心理。

每个人都有自己的优势和弱项，不可能十全十美。过度地苛求完美，只会给孩子增加沉重的心理负担，不利于孩子身心的健康成长。

追求十全十美其实是孩子对现实生活的一种逃避，孩子在现实生活中存在着不如意的事，所以才会努力地驱除生活中的不完美。

当孩子把自己的注意力转移在自己所关注的或能够提升自己魅力的事情上，为此会身心疲倦，对生活和学习带来危害。

所以，父母一定要帮孩子解除“完美”情结，告诉孩子，只有经历过失败的人才能取得成功，没有必要为一件事做得不完美而自怨自艾，盲目地追求完美只会徒劳无功。

» 应当重视对孩子的心理教育

我们要承认，古希腊社会是高度文明的社会，亚里士多德为古希腊社会的发展做出了自己的努力，奠定了古希腊人民对知识的热爱。相对于其他民族，这无疑是先进的。

可是，有多少民族变成了文明的民族？现在，很多人仍然停留在野蛮时代，无论是学校还是其他地方，都没有多少人真正地表现出对知识的认可。

我只能说古希腊人，他们在很久之前就已经了解教育，知道如何对孩子进行教育。他们能够通过自己的方法，激发大脑所蕴藏的能量。

在这个过程中，他们不害怕孩子受到伤害，他们认为这个过程可

以帮助孩子成长。所以，古希腊的后代那么强壮，并且富有想象力。

可是，在现代教育中，我们几乎把希腊人的教育理念抛到九霄云外，没有任何遗留的痕迹。现在的学校更像是一个工厂，只是在按照一定的数据像生产机器似的生产出他们自己内心满意的学生。

同时，他们的目的也很直接，无论是什么专业，他们无一例外地是为了挣钱才来到这里进行学习。如果我们每一个人都是抱着这样的学习态度，又如何会学到真正的知识呢？

我们不是在学习知识，而是在学习赚钱技能，很多孩子都是认为只有真正地掌握这些技能才能适应社会。可是，他们这样无疑就是已经把大学当成是赚钱的道路。

我曾经看到一个大学工作人员的记录本，里面重点标注的专业是我十分惊奇的专业。例如：美容美发、工业制造、园艺、美工以及服装等专业。

我如果仅仅是看这个本子，我根本不会想到这是一个大学工作人员的，我可能会认为它是某公司的，或者是某一个服装厂的促销单。难道我们的大学所开设的专业，仅仅只能是这些赚钱的专业吗？

这难道真是我们想要的教育目标吗？将我们的学校变成一个工程队或是一个美容美发屋，这就是我们的教育目的吗？我们社会教育难道不是为了自己的国家而培养高层次人才吗？

如果我们真的把学校办成这个样子，我们又如何培育自己的公民？又如何要求自己的社会实现文明？

我们老师总是在告诉学校的领导，学校教育应该与实践相结合，这样学校的教育才具有实效性。

于是，学校开设的各种各样的选修课开始与实践相结合，并且逐渐成为学校的主力课程，因为这些课程可以帮助学校赚取更多的钱财。这样，我们的教育也逐渐偏离了教育的轨道，我们也逐渐失去了对教育真正精髓的认知。

我们再回想一下曾经的印度人，他们是如何将人类划分成不同等级的。那个时候，还没有所谓的教师，也没有人对教育产生过重视。

于是，整个社会就是一帮平庸的人建立的所谓的等级制度，来维持整个社会的秩序。可是，因为当时的社会十分落后，我可以理解他们当时的满足。

如果，现在我们仍然这样对待孩子，这将会是多么的愚昧和无知。我们这样的做法无异于向他们的身上扎入针尖，是我们阻碍了他们的发展。

第六章 教育要顺应孩子的天性

» 孩子的成长需要自由

孩子的成长和发展需要一个宽松的、开放的、积极的环境，需要在父母的热切期望和等待中来引导孩子的成长。孩子的发展，要遵循天性，不能任意抹杀孩子的创造欲望和完了心态，要给予孩子自由的空间，要让孩子自由地发展。

对孩子来说，什么都不缺，就是缺少自由。孩子天性就是爱玩，喜欢无拘无束地玩耍，喜欢不受父母的管束。

大多数父母都不能理解，其实自由的空间对于孩子的个性及心理发展都是大有帮助的，如果父母事事管制，孩子容易出现逆反心理和抵触情绪，最终会适得其反，达不到教育初衷。

我对孩子的教育十分遵从那种自由的状态，不希望给孩子过多的压力，希望孩子可以按照自己的意愿去发展。我认为孩子的兴趣是最好的指导老师，可以帮助孩子获取知识。

同时，孩子的任何成就都和他的生存环境有着不可分割的关系。我和妻子从小就给小塞德兹营造了一个五颜六色的生存环境，所以，小塞德兹取得的各种成就，和我们是分不开的。

正因为小塞德兹从一出生，他的世界就是那么色彩斑斓。所以，他非常喜欢绘画。有时候，可以一直在自己的房间里进行创作。我为了可以帮助他更好地进行绘画，帮他买了各种画画的工具，并且让他自己去画自己想画的一切。

像平常一样，我的好朋友来到家里做客，他没有看到小塞德兹。于是，便问我："怎么没有看见孩子啊？"我想了想，说道："孩子应该在自己的房间画画。"

这位朋友并不相信一个不到 2 岁的孩子，能够画出什么画，所以，他坚持要去看一下小塞德兹。

当进入小塞德兹房间的那一刻，他吃惊了，一个孩子竟然可以画出这么多的作品。墙上的画仅仅只有几幅画是买的，其他都是小塞德兹画的。这真是太不可思议了，一个这么小的孩子竟然可以画这么多作品。

小塞德兹画的这些画，还很不专业，很多画都是靠着他自己的想象画出来的。其中一幅小塞德兹把人的头画成了皮球，而且是泄了气的那种皮球，这些都是小塞德兹自己想象出来的，没有任何人对他进行过指导和帮助，这是多么神奇的事情。

但是，小塞德兹十分享受自己的创作过程，他十分自在地画着自己喜欢的作品，一幅又一幅地进行着，十分快乐。

但是，我的朋友似乎有很多不解，不明白为什么我不给孩子请一个老师，让老师教孩子画画。我告诉这位朋友，我并不是希望孩子可以画得非常好，只是希望孩子可以很自在地享受这个过程，这才是他所希望看到的结果。

因为，我一直坚信，**真正的教育就是让孩子可以从中得到快乐和幸福，**这才是教育的真谛。我不希望孩子被强迫去学习一些自己不喜欢的东西，这样对于孩子来说，并没有任何好处，反而不利于孩子的成长。

只有孩子对这件事情产生兴趣，孩子才能够真正将自己放入其中，并且学到真正的知识。如果我们强硬地逼迫孩子，孩子是不可能学到真正的知识的。

对一个个体而言，自由是指他要求争取的生存空间和个人意志空间，这个空间包括社会的、政治的、经济的、文化的等各种外部条件，和个人体质、欲望、财富、世界观、价值观及理想观的表达等个体因素。

孩子处于学习和积累经验的关键时期，对于身边的事物，往往存在认识不足的局限，父母便理所当然地成为了孩子的“保护者”。为了让孩子免受伤害，父母往往费尽心思，做出一系列看似完美的培养计划，试图为孩子铺一条通往成功的康庄大道。

父母的这种良苦用心，会使孩子丧失自我，有的孩子甚至因此走向自我毁灭的道路。究其根源，可以发现这些完美的培养计划并不完美，因为它们过多地限制了孩子的自由，禁锢了他们自由和独立的思想，剥夺了他们作为一个独立个体所应该享有的权利。

社会为孩子的成才提供了前所未有的广阔空间，现代教育也为人的发展提供了前所未有的机遇，而这一切，都以孩子获得充分的自由为前提。

可是许多孩子，就如同笼中的小鸟儿，虽然过着富足的物质生活，却忍受着极大的精神痛苦。因此，他们宁愿像鸟儿一样为重获自由而撞得浑身是伤，也不愿意过着“风平浪静”的生活。

父母应该给孩子充分的自由和空间，让他们按照自己的选择去发展和提升自我。即使他们的选择不是最好的，但只要他们的选择有益于自身和社会，父母就要学会放手，让孩子自由自在地发展。

很多才能出众的人都十分喜欢音乐，而且音乐可以帮助人们陶冶情操。所以，我也将音乐运用到对小塞德兹的教育过程中。

因为音乐是那么的神奇，无论你是平庸之人，还是拥有非常出众的才华，你都可以从音乐中读出自己想要的内容。这就是音乐的奇妙所在，可以让我们很真实地感受到内心的感觉，并且让我们平静下来。

我们曾经很多次都听说过，音乐可以帮助我们陶冶情操，塑造有能之士。这里并不是仅仅代表音乐领域的才能，也包含了其他领域。我们通过音乐，可能会成为音乐天才，也可能成为其他领域的能手。

音乐对孩子会产生极其强烈的影响，因为听觉对我们的影响远远胜过视觉对我们心灵的冲击。

我正是因为知道这样的道理，所以非常注重小塞德兹音乐方面的教育。但另一方面我是幸运的，因为莎拉对这方面十分精通，她不仅可以弹奏钢琴，也可以弹奏各种吉他。所以，莎拉的音乐才能对小塞德兹的成长是非常重要的。

当小塞德兹暴躁或者生气的时候，莎拉就开始坐在钢琴面前，给他弹奏各种曲子。当听到莎拉的弹奏之后，小塞德兹就会变得安静，并且静静地听母亲的演奏，不发表任何言论。这就是我们对孩子的教育方式。

每当听到母亲弹钢琴的时候，小塞德兹就会做出各种各样的反应。他的反应是根据母亲弹奏的不同，而做出的不同反应。

当母亲弹奏快乐的曲子的时候，小塞德兹就会十分兴奋，甚至会哈哈大笑；当母亲的曲子稍微有点悲伤的感觉的时候，小塞德兹便不会发笑；如果非常悲伤的话，他甚至会流泪。

如果孩子不听话或者哭闹的时候，莎拉并不会像普通的母亲那样对待孩子。她只是静静地走到钢琴面前或者抱起吉他，弹奏一曲，这时，小塞德兹就会变得安静，不再哭闹。

他会静静地聆听这段音乐，偎依在母亲身旁，有时会发出笑声。因为，对于小塞德兹来说，听音乐是他认为的最幸福的事情。

在小塞德兹小的时候，莎拉的音乐一直伴随着他，他非常喜欢音乐。当他稍微大点的时候，莎拉就开始教他怎样弹奏音乐，音乐一直伴随着他。直到他读哈佛的时候，他的吉他都一直在身边。同时，他也会弹奏给别人听，他的同学也十分喜欢他的演奏。

我有着自己独特的教育方式，我并不认为，应该满足孩子的各种物质需要，我更注重孩子的精神需求。

但是，很多父母对孩子的物质要求有求必应，可是却不想给孩子最渴望的“自由”。其实，父母放手，给孩子自由，也是给了自己自由。

这里所说的自由，是指孩子在父母的关注下，自己安排时间和空间，父母给予一定的指导。如果父母理解成对孩子不管不问，放任和放纵孩子，就曲解了“自由”的含义，是对孩子不负责任。

孩子逐渐具备了“自我意识”，有了自己做决定的需求，可是父母忍不住要替孩子做决定，这样孩子长大后会缺乏判断力和独立解决问题的能力。父母要给孩子自由选择的机会，让孩子学会自己做决定。

所以，我特别注重给孩子一个良好的学习环境，让孩子可以满足自己的精神需求。教育孩子是非常重要的事情，**孩子不应被宠着，也不应该让孩子生活在太过富足的环境中，我们需要让孩子在一个简单、快乐的环境中成长。**

» 及时帮助孩子解决疑惑

这时的小塞德兹已经远近闻名，成了一个家喻户晓的小天才，很多人都对他十分崇拜。小塞德兹表现出了很多优点，他聪明过人、博学多才，很多人都称之为天才，但同时，一些缺点也逐渐显现出来，这些都被我看在眼里。

我发现，小塞德兹已经很长时间没有出门了，没有和小伙伴们一起玩耍，更多的时候，他总是一个人在自己的房间里待着。

我知道，独自待在一个空间中，有助于思考问题，获取知识。但是，长时间独处在自己的空间里，却不利于孩子的成长。小塞德兹这个年龄应该多玩耍，应该和小朋友们一起享受快乐的时光，而不是自己一个人在房间中独处。

渐渐地，我发现小塞德兹独处的时间更长了，就连格兰特尔找他，他也不出去。我认为，我需要和小塞德兹谈一下，如果再这样下去，对于他来说是极其危险的。

我推开了小塞德兹的房门，对他说："你跟格兰特尔怎么了？为什么不愿意和他一起玩耍？你们吵架了吗？我看见格兰特尔来找你玩，可是，你并没有和他出去。"

小塞德兹显然不愿意回答这个问题，十分不耐烦地看着我，不愿意我插手他的事情。可是，我并没有放弃，继续问他："到底发生了什么事情，你跟爸爸说一下，为什么你拒绝出去啊？"

"我有很多事情要做，没有时间应酬他们。"

我不解地追问："你有什么事情啊？什么事情让你每天这么忙碌？"

小塞德兹不耐烦地解释道："爸爸，我现在是天才，我和他们不一样，不能轻易和一般人接触，这样会损害我的名声。以前我是太傻了，竟然和他们玩耍，现在我懂了，所以，我不能再和他们在一起了。"

"你懂什么了？"我不解地看着小塞德兹。

小塞德兹告诉我："这是达·芬奇说的，如果一个人有一个朋友的话，就已经失去了自己的一半，如果有两个朋友，那么就没有自己了。所以，我不能有朋友，不能和他们接触。"

听到这些话，我真的有种哭笑不得的感觉，小塞德兹竟然因为这一句话，而拒绝和别的孩子接触，这让我感到十分可笑。达·芬奇的话也实在是很荒谬，但是，我不能直接对他进行批判，否则就会使小塞德兹产生反感。于是，我用了中国的谚语来给他讲述另一个道理。

我对着孩子说："威廉，达·芬奇说的话，应该有他的道理，毕竟他是一位伟大的人物。但是，我还听说了另外一些话，这是中国流传至今的名言，是'三人行，必有我师焉'，还有一句，也是在中国流传极广的一句话'三个臭皮匠，顶个诸葛亮'。这些话也是十分有意义的，你知道这些话吗？懂吗？"

小塞德兹摇摇头，不知道这些到底是什么意思。

于是，我接着说："第一句是中国的孔子所说的，孔子是中国非常有名的政治家和教育学家，他是说三个人在一起，他们之中肯定有你应该学习的地方。

"第二句话中的诸葛亮，是中国非常有名的军事家和政治家，这句话是说三个普通人加起来的智慧就可以和诸葛亮一样。这不是说明每一个人都有他们的长处，都需要我们向他们学习吗？连孔子和诸葛亮都尚且如此，更何况你呢？"

小塞德兹接着问："那达·芬奇呢？他不对吗？他可是大家啊！"

"达·芬奇是对的，只是你理解错这句话的意思了。他并不是要让我们不交朋友，而是他希望我们不要被别人的思想所影响，应该坚持自己的观点和看法。如果达·芬奇真的像你认为的那样，他又怎么可能成为大家呢？"

这时，小塞德兹好像终于懂得了一些道理，知道自己做错了。但是，他仍然继续追问："因为我是天才，所以，我应该和一般的人不一样啊！"

我继续讲道："威廉，你还是没有明白，天才难道就不是人吗？只要是人就会有自己的缺点，每一个人都有自己的缺点和不足，我们需要正确的认识。而且，你已经显示了你的与众不同，你的才能和博学，已经向别人证明了你的优秀，你不需要再用独处来证明，这样只会让自己和周围的一切都渐渐显得生疏，并且没有任何交流。"

这时，莎拉也过来了，告诉小塞德兹："你明白了吗？威廉，爸爸说的是对的，你这样的话会使自己变得不合群。即使是格兰特尔，他身上都有你需要学习的东西，你不应该用独处来显示你的不同，也不应该瞧不起别人。"

这时，小塞德兹终于懂得了其中的道理，并且知道自己需要和别人进行交流，他之前的做法是多么的愚蠢。

话音刚落，小塞德兹就兴致勃勃地朝着门外跑去。他去找格兰特尔了，他知道自己之前做错了，还向格兰特尔道了歉。

看着小塞德兹远去的背影，我和莎拉都露出了欣慰的笑容。

为了帮助孩子成长，开发孩子智力，我对孩子一直表现出极强的耐心，并且希望孩子在这样的学习过程中，培养自己良好的品行，以及正确的学习态度和人生认知。

可是，在对于如何回答自己孩子的疑难问题时，格兰特尔的父亲哈塞先生和我却表现出不同的观点。哈塞先生觉得孩子的问题非常的枯燥，并且没有任何意义，一直回答下去让自己非常烦躁。

但是，我却不这么认为，我认为这是孩子学习的热情，我们应该鼓励孩子努力学习，帮助他们解决难题和不懂的地方。

就在这个时候，小塞德兹捧着一本书，走到我们的面前。他手里的书是《生物进化论》的少年版，这本书非常有意思，而且小塞德兹也十分喜欢这本书，他拿着这本书认真地读着。

突然，他看向我，问道："爸爸，这里说，人是从猴子进化来的，对吗？为什么是由猴子进化来的？"

"我不能够准确地解释这一句话，但是，达尔文这样说，肯定有他的原因在里面。"我解释道。

可是，这个答案似乎并不能够满足小塞德兹的好奇心，他继续发问："如果我们真是猴子进化来的，为什么现在还有猴子，为什么那些猴子没有进化成人啊？"

"那是因为进化只是其中的一部分猴子，另一部分猴子仍然保持原样，没有进化。"

"为什么有些猴子可以进化，而另外一些猴子却是在保持原来的模样呢？"小塞德兹显然有很多问题，这些问题使他感到疑惑。

于是，我对孩子说："威廉，你说说自己的想法吧，你认为它们应该是什么样子的？"

小塞德兹想了想，对我说："我觉得它们也应该成为人，成为会爬树的人，这样就完美了。"

我看了一眼哈塞先生，他似乎在关注着这场戏，要看看我到底对孩子的问题有多大的容忍度。

我继续回答小塞德兹的问题："但是，另一些猴子还是猴子，它们并没有进化，而且已经适应了那样的生活。"

"为什么？为什么呀？"

我很认真地对小塞德兹说："在我的认知范围之内，一些猴子之前居住在地面上，失去了爬树的能力，为了适应环境的变化，它们就必须让自己进化，这样才能免受灭绝；而另一些猴子仍然拥有极强的攀爬能力，无需为了生存而让自己进化，因为它们已经适应了环境的变化，所以它们没有进化。"

小塞德兹终于明白了，但是他又有了新的问题，他问我："猴子的身体那么灵活，为什么要进化啊？那样不是很好啊？"

"人有思想和头脑，我们可以掌握很多知识，制造很多猴子无法想象的东西。"

"我认为还是猴子好，身体那么灵活，可以在树上跳来跳去，多好啊！"小塞德兹并不满意我的回答。

我继续对孩子说道："猴子的身体是非常灵活，但是，它没有办法为社会带来进步和发展。只有拥有优越大脑的我们，才可以给世界带来变化和发展，才能使世界进步。"

但是，小塞德兹继续不依不饶地问我关于社会以及进步等一系列问题，我并没有抱怨和厌烦。相反，我还是一点一点地在解决他的疑问，希望他可以真正消除内心的疑问，了解这些事情。

但是，在小塞德兹的教育过程中，我从来不给他讲什么神话故事，因为我知道这些故事对于孩子来说，是骗人的，终有一天孩子会知道这些内容是不对的、捏造的。无论是对于孩子的成长还是教育都是没有任何用处的，所以，我从来不给小塞德兹讲这些故事。

孩子爱提问题，是由于好奇的天性和对自然、社会等的认识欲望所产生的，它表现了孩子旺盛的求知欲和爱思考的可贵精神。

对什么东西都问个为什么的好习惯，对孩子将来的成功起着非常积极的作用。父母不能因为孩子的问题多，怕在孩子跟前丢面子而对孩子敷衍，这样是对孩子不负责任的表现，往往会断送了孩子对未知世界的认识兴趣，阻挡住了孩子的探索步伐。

孩子所提的问题常常是千奇百怪的，甚至有些问题人类至今还没有答案；有些问题由于父母知识有限，不能给出答案；还有些问题令父母感到尴尬，不好回答；有些问题又令父母感到很幼稚，忍俊不禁。

但不管提出什么类型的问题，孩子都是动了脑筋，经过了思考，并且想知道答案。**面对孩子的每一次问题，父母无论是否知道答案，都要认真、耐心地对待**。对于知道答案的问题，父母首先要让孩子动脑筋考虑一下，再对孩子加以引导，给孩子一个准确的答案。

对于不知道答案的，父母不能因为顾及面子，随便给孩子一个似是而非的答案，从而误导孩子。父母应该告诉孩子实情，陪孩子一起查阅资料，找出正确的答案；面对尴尬的问题，父母也不要对孩子加以训斥，而应该引导孩子自己看书，找出答案。

» 随时给孩子讲解各种知识

时间真是飞快地流逝，暑假很快过完了，孩子们都开学了。威廉没有了自己的小伙伴，他开始感到寂寞。

但是，在暑假里，他的车技得到了飞速地提高，并且又掌握了一些其他语言。孩子在学习上有了很大的进步，但是，他还是多少有些不开心，因为他没有了玩耍的伙伴。

看到小塞德兹表现出来的悲伤，我知道他还是非常想回到学校。但是现在只能先暂时在家学习，我尽量花更多的时间陪伴孩子，使他能够不感到孤独。可是，我和莎拉要去外地办些公务。

我们非常担心小塞德兹一个人在家里，他会十分地不开心。于是，

我和莎拉决定让孩子去舅舅家，这样，小塞德兹就不会觉得孤单，而且还能让小塞德兹更好地接触大自然。

于是，我和莎拉开始帮小塞德兹收拾东西，让他去乡下的舅舅家住一段时间。我们一家人开心地登上了火车，一路上小塞德兹不时地看着窗外的风景，流露出兴奋的表情。

就在这个时候，小塞德兹竟然自己发出傻笑声，这令我和莎拉表现得十分惊讶。

我们问小塞德兹为什么发笑，小塞德兹很镇定地告诉我："看啊，外面的树好像长了腿，在一直往后面跑，真是好神奇啊！"

小塞德兹的话，让莎拉觉得孩子十分可爱。但是，我却认为这是孩子学习的绝佳机会。我认为这样可以很好地结合现实事物，给孩子讲述一些物理常识，并且让孩子可以很好地将这些知识消化吸收。

我很认真地对孩子说："威廉，你弄错了，不是树在动，而是我们坐的火车在动。"

但是，小塞德兹却不这么认为，他对我说："爸爸，我还是认为是树在动。因为，我一直坐在火车上，我并没有发现火车有什么异常的行为，反而是外面的树一直在动。"

我想了想，这样可能无法说通小塞德兹，于是，我换了另外一种说法："威廉，假如你现在没有在火车上，而是在下面的话，你又会看见什么呢？或者是，你又会有什么发现呢？"

小塞德兹思考了一下，告诉我："我应该会向另一个方向跑，就像下面的树一样。"小塞德兹很满意自己的回答。

"你认为，你跑得的速度有这么快吗？"我看着小塞德兹说。

"对啊，我根本不可能跑这么快。爸爸，到底是怎么回事啊？"小塞德兹不解地问我。

我并没有对孩子进行埋怨，而是对小塞德兹进行了表扬，这让小塞德兹十分惊讶。

威廉不解地问我："爸爸，为什么会表扬我啊？我什么都没有做，为什么会进行表扬啊？"

这时，我对小塞德兹说："我表扬你的原因，是因为你今天发现了一个新的道理，而且是物理现象。"

孩子更加不解，完全不知道发生了什么事情。

我抓住这个机会，给小塞德兹教授物理知识："我所说的就是参照物的知识，你刚才发现的就是物理学上的参照物现象。你刚才就是一直在把火车当成你的参照物，你坐在火车上面你不会感觉到火车在走，你却可以发现树在不断地移动。我们反过来思考一下，如果你将树当成参照物，你就会发现火车在很迅速地移动。"

小塞德兹明白了，他对我说："爸爸，我知道是怎么回事了。原来这是参照物的知识，就是因为我坐在火车上，所以我根本无法感觉到火车是动的，相反，我却很清晰地看见树木在动。"

我希望孩子可以真正地明白这个物理现象，于是，就问小塞德兹："如果你现在没有在火车上，而是在树的位置上，你会有什么发现呢？"

小塞德兹很快地回答我的问题："爸爸，那就要看参照物了，如果我把自己作为参照物的话，那么，火车就是在移动。可如果我仍然将火车当作参照物，那么，还是树在移动，这一次是我和树一起运动。"

可是，我仍然继续问孩子："你认为对吗，树可以跑吗？"我是想知道孩子到底懂了没有。

小塞德兹对我说："爸爸，这是因为火车在跑啊，这是相对的。"

我笑了，莎拉也十分开心。我们对小塞德兹说："威廉，你的学习能力真是非常的快。"

我们一家人就这样有说有笑地来到了舅舅家里，家里只有舅妈和他们的孩子在家，舅舅还在上班。舅妈给我们准备了丰盛的晚宴，时间很快就过去了，我在这里陪了孩子两天，便回家了。因为，我要开始忙碌自己的事情了。

» 允许孩子有自己的想法

没过多久，我和莎拉终于完成了自己的工作，我们将小塞德兹接回来了。很久没有回家的小塞德兹对家十分想念，他回到家的第一件事情，就是去找他的好朋友格兰特尔。

小塞德兹和我以及格兰特尔和他的父亲，我们四个人已经很久没有在一起了。这时，我们四个人一起去散步，我们聊了很长时间，也聊了很多话题，引起我们争论的是一个哲学方面的话题。

哈塞先生对我说："你看这些树木每一棵都是相互联系的，它们之间都有关系，由此可见，每一个事物之间都是相互关联，相互依存的。"

我对哈塞先生的观点表示肯定，但是，我不知道他想说明什么，于是，我说："我赞同你的观点，但是，请问你想要说明什么吗？"

哈塞先生说道："我说这句话，并没有任何含义，就是随便说说而已。"

这时，小塞德兹则说话了："先生，那我想知道任何事物之间如果真的都有联系的话，那咱俩是什么联系啊？"

哈塞先生对这个问题似乎有点为难，他对小塞德兹说："我认为你和你的父亲联系比较紧，你们的关系更加亲密，是至亲，有血缘关系。"

小塞德兹显然并不满意这个回答，对其说："先生，这个我当然知道，我想问的是我们之间，而不是我和爸爸之间。"

这时，格兰特尔忍不住了，他对小塞德兹说："这是我的爸爸，我们之间才有联系呢。"

可是，小塞德兹似乎也不满意格兰特尔的说法，他对格兰特尔说："你的说法我不懂，刚才你的父亲明明说每一个人都有联系的，难道我和你的父亲没有联系吗？我们可都是这个地球上的人。"

格兰特尔也不放弃，他对小塞德兹说："你的想法也不无道理，但是，我认为这只是一种说法而已，我们不需要当真。"

小塞德兹气愤了，说道："对于这件事情，你认为它仅仅是一种说法吗？你这是对真理的蔑视。"

这场争论是由哈塞先生引起的，他不想孩子们伤了和气，于是，不让他们争论下去了。

但是，我却不这么认为，我说道："不要停，让他们继续争论吧。这是一个很好的机会，我认为这样可以使孩子们掌握到真正的知识，有利于塑造他们的学习能力。"

小塞德兹和格兰特尔并没有听见我们的话，他们已经像一匹小马，迅速地跑到了前面。但是，他们仍然没有放弃刚才的问题。

这时，哈塞先生对我说："博士，我知道知识的重要性，可以帮助孩子成长。但是，这样争论下去的话，不是不利于孩子们之间的关系发展吗？这样有好处吗？我们真的要让孩子这样继续争论下去吗？"我知道自己在做什么，我也知道这样会毁坏孩子们的感情。

我是这样回答的："我知道这样做的结果，但是，我认为知识的掌握是让孩子们终身受益的，我宁愿放弃那些所谓的人类交往原则，也希望孩子能够获益终身。"

但是，哈塞先生似乎并不这么认为，他辩解道："孩子还那么小，为什么要为了这些知识而破坏掉孩子们之间纯真的感情，就为了这些知识。我真的不觉得这么小的孩子应该要掌握这么多知识。"

我却极为不认同，坚定地说道："我不认同你的观点。你没有理解教育的真正含义，教育就是为了让孩子掌握真理。我们没有办法让孩子掌握所有的知识，我们只能尽我们所能教授孩子。如果，我们都不愿意让孩子知道真相，那孩子又怎么可能了解事实。这才应该是教育所应倡导的。"

哈塞先生没有回答，他不知道怎么应对这个问题。但是，这个时候，孩子们奔回来了，他们还说着什么，好像说他们懂了似的。

小塞德兹飞快地脱口而出："爸爸，我们懂了，我们每一个人都是相互联系的，这就像你们大人之间是联系的，我和格兰特尔之间也是联系的。我们现在大家在一起散步就可以证明这一点。"小塞德兹说完以后非常得意。

格兰特尔也马上接上小塞德兹的话："是的，我赞成威廉的话，我们之间都是相互影响和联系的，就像我的行为会对威廉产生影响是一样的道理。"

格兰特尔的父亲继续对孩子们问道："那么，你们谁来说一下，这是怎么影响的啊？"

小格兰特尔先说道："这很简单，塞德兹先生的话对我产生了很大的影响，让我明白了教育的真谛。"

小塞德兹接着对哈塞先生说："先生，您也对我产生了很大的影响，您差点让我和格兰特尔吵起来。"说完，小塞德兹笑了。

这时，四个人终于很透彻地懂得了这个道理，大家乐成了一团。

我们知道两个孩子的关系很好，但是，他们毕竟是孩子。有时候，也会因为一些事情而吵起来，甚至会打起来。

有一天，我和哈塞先生在谈一些事情，我们的孩子则在不远处玩耍。可是，没过多久，他们就听见一阵吵闹声，我们朝声音来源的方向看去，发现两个孩子已经打起来了。

我们马上跑过去，将两个孩子分开，并对孩子们说："谁告诉我，这是发生了什么事情，让你们打起来。"

两个孩子显然还十分生气，互不理睬对方。

可是，哈塞先生已经没有耐心了，对着格兰特尔骂道："说，格兰特尔，你就是个小混蛋，到底发生了什么事情。"

格兰特尔还是没有出声，他把头低了下来，知道自己惹父亲生气了。但是，他的父亲仍然不依不饶的，对格兰特尔嚷道："你快说啊，你到底怎么了，发生了什么事情。"

在一旁的我忍不住了，于是，对哈塞先生说道："先生，先不要这样，也不要着急，我们先问问孩子到底怎么了，为什么会打架，不要太着急。"

但是，哈塞先生已经抑制不住自己的脾气了，对我说道："但是，我真的已经忍不住了，他们已经打起来了，这真的让我无法忍受，他们实在是太过分了。"

我很平静地问小塞德兹："威廉，告诉爸爸到底发生了什么事情。"

小塞德兹对我说："爸爸，格兰特尔真的反应很慢，我说他，他还说我，我心里很生气，所以我们两个就打在一起了。"

我不知道他们因为什么而打起来，于是，继续问小塞德兹："威廉，你告诉我，格兰特尔到底什么事情反应很慢，让你这么烦啊。"

小塞德兹很详细地给我讲述他和格兰特尔打架的经过："爸爸，其实事情是这样的，我和格兰特尔在玩一个游戏，这个游戏是怎么把这个东西按照图上的要求拼好。我认为应该是这样，因为这样可以很快地将图拼好，但是，格兰特尔非要按照图上的要求一步一步地拼。但是，这样很慢，没有效率。格兰特尔说他的父亲就是这样告诉他的，他认为这样是对的。于是，我就给格兰特尔说，你们父子都是那么死板，不会变通。就这样，我们就打起来了。"

我对孩子说道："就是这样吗？就这样你们俩就打在了一起？"

小塞德兹还在气头上，很愤怒地对我说："是的，我很生气，他的行为让我很难受。"

哈塞先生知道了事情的经过，他变得平静起来，他不知道怎样面对我以及威廉。

我看出了气氛的不对，马上对小塞德兹说："威廉，你怎么可以这么说，你应该向他们道歉，你可能有你自己的想法，但是格兰特尔也有他的想法，不能因为你们想法不一样，你就对他进行批评，懂吗？"

小塞德兹知道了自己的不对，他对我说："爸爸，我知道错了，原谅我吧，我知道我刚才是在让格兰特尔放弃自己的想法，这样的做法是不对的，他应该有自己的想法。"

但是，这个时候，我却听见了另外的声音，格兰特尔正在接受自己的父亲的训骂："你看看你，为什么思维一直这么死，为什么就不能变得灵活起来。你看人家威廉，人家就可以很快地想出另一种方法，可是你还是按照原来的路线走。你是在玩智力游戏，不是让你在那里墨守成规，懂不懂，能不能多向人家威廉学习。"

格兰特尔想向父亲说自己的想法，可是，他不知道自己应该怎么说。

他的父亲则说道："格兰特尔不要再哭了，你的思想就是不够灵活，你为什么就不能让自己变得聪明呢？"

这时，小塞德兹走了过来，说道："先生，我向您道歉，这是我的错，我不应该这么说他，更不应该那样说您，我错了。我想和格兰特尔和好，我们还可以玩，希望您可以原谅我。"

哈塞先生点点头，同意了，他也松了一口气。

看到两个孩子又玩在了一起，我和哈塞先生都非常高兴，他们又和好了。

我对哈塞先生说道："请不要将这件事情放在心上，孩子们本来就很纯真，他们不会相互计较的。"

这时，哈塞先生对我说："博士，我真羡慕你，你的儿子那么聪明，可是，我的孩子却是那么笨，我真不知道该怎么教孩子。"

我回答道："其实，格兰特尔并不笨，他也有很聪明的大脑，这就要靠我们大人对孩子进行教育了。"

哈塞先生眼前一亮，说道："是吗，博士，我也想让孩子变得懂事、明事理；可是，格兰特尔似乎永远都不开窍，这让我真的非常为难。"

我说道："我不这么认为，我觉得格兰特尔非常有自己的想法，你看他们刚才玩的游戏，小格兰特尔可以对自己的想法那么坚持，并且对威廉的观点进行反驳，这不就是他有想法的表现吗？可是，你刚才那样训斥他，他已经没有自己的想法了，他对别人将会更多地服从。"

哈塞先生已经迷茫了，不知道这些话的意义，他也不知道该如何教导格兰特尔了。

哈塞先生这样的教育方法，对孩子的成长是极为不利的，他经常以领导者的身份出现，并且很强硬地告诉孩子：你错了，而且非常笨。

相反，格兰特尔并不会得到完善的自己。而我却一直给予孩子引导和帮助，让孩子有自己的想法，这就使得孩子渐渐地变成一个独立自主的人。

» 重视孩子的全面发展

我和莎拉不仅十分注重小塞德兹的知识教育，对他的道德和品行教育，也一直没有放松过要求，我们希望小塞德兹可以全面发展。

小塞德兹并不是天生就非常懂事，这些都归功于我们对他的后天教育，才使得他慢慢地变得懂事、乖巧、有礼貌。

我有一个小侄女，叫玛莎。这是一个不幸的小姑娘，她遭遇了一场车祸，并在车祸中失去了自己的双腿。

因为担心玛莎可能沉浸在痛苦中无法自拔，所以，我们全家人邀请玛莎来家里做客，希望可以让她摆脱车祸的阴影。小塞德兹也非常高兴，因为他又有小伙伴陪了。

可是，让所有人惊奇的是，玛莎并没有大家想象中的那样悲伤和难过。她自己一个拄着拐杖，出现在所有人面前，神情看起来和车祸前没有什么两样。

小塞德兹很久没有见到玛莎了，他们很兴奋地在一起玩耍。这仅仅只是刚开始的几天，他们还觉得十分新鲜，相互述说着自己遇到的事情，想知道对方发生了什么事情。

但是，时间一长，两个孩子就开始闹起了不愉快。

在一次家庭聚会上，玛莎由于身体不便，在拿饮料的时候，不小心将其中的一杯弄倒了，饮料洒到了小塞德兹的衣服上。

小塞德兹非常气愤，因为那件衣服是他精心为晚会挑选的，他冲

着玛莎说："你在干什么啊？"

玛莎看到小塞德兹身上的污渍，不好意思地对小塞德兹说："对不起，威廉，我真的不希望发生这样的事情，我对不起，真的对不起。"

可是，小塞德兹仍然不依不饶地对玛莎嚷道："我不管，这是你弄脏的，你必须给我把它弄干净。"

这时，莱依小姐走了过来，对小塞德兹说："让我洗吧，不要再难为玛莎小姐了，她行动不便，就让我帮她吧，你们俩也不要再争吵了。"小塞德兹没有说话。

可是，玛莎的心里却很不是滋味，她很难受。

又过去了一天，这天早上，玛莎很早就起来了，因为她希望自己可以给小塞德兹洗衣服，而不是依靠莱依小姐的帮忙。

莎拉听见了水声，起来一看，原来是玛莎在很吃力地洗衣服。

莎拉心里很难受，希望小塞德兹可以看到这一幕。于是，她走到小塞德兹的房间，把他弄醒，让他去洗衣房看看。

小塞德兹看到这一幕，一下子傻眼了，他非常难受，立刻冲上去把衣服从玛莎的手里拿过来，自己洗起来了。

后来，我们才知道，玛莎虽然行动不便，但是，她的意志却变得格外坚强，她希望自己可以独立，而不是成为别人的负担。只要是她能够做到的事情，她都会努力去做。

从玛莎这件事中，小塞德兹看到了自己的不足，他知道自己应该怎么办。他开始以玛莎为榜样，知道自己不应该懒惰，应该自己去做自己可以做的事情。

我一直希望小塞德兹可以独立做事，不希望他过分地依赖别人。

每当小塞德兹对我说："爸爸，你帮我吧。"或者对莎拉说："妈妈，请帮我将书拿过来。"有时，他还会吩咐莱依小姐："我需要出去玩，你帮我准备一下。"

小塞德兹要求我们做的这些事，全部都是他可以自己做的，只不过因为懒惰而不愿意去做。每当出现这种情况，我都不准任何人去帮他做，我希望他可以自己做。

但是，哈塞先生却对我说："博士，我觉得你的行为实在是非常不切实际，我觉得孩子还太小，我们应该帮助他们做一些事情。"

我反驳道："哈塞先生，我这才是为了孩子好，这样孩子才会拥有自理能力，以后也才能独立生活。"

可是，哈塞先生却显得有些愤怒了，他对我说道："我不相信你的这些说法，孩子这么小，怎么可能独立完成所有的事情？我们需要给予孩子帮助。可是，你却把自己的残忍当作是为了孩子好！"

我说道："你误解了我的意思，我所说的让孩子自己做的事情，都是孩子自己可以做到却因为懒惰不愿意去做的那些事情。我并不是说，所有的事情都不能帮忙。"

听了我的解释，哈塞先生还是有些不理解："但是，博士，这怎么就会对孩子好呢？"

我笑着说："因为，这些事情都是自己可以做到的，我们让孩子一点一点地做自己可以做到的事情，长期下去，孩子就能学会独立。"

哈塞先生继续说："哦，这么说似乎是对的，那我想知道不去管孩子或者帮助孩子，就可以真的让孩子学会自己做事情，并且能让他们有自己的想法吗？"

我回答道："仅仅做这些还不行，我们要做的还有很多事情。我们还需要对孩子进行心理安慰。"

但是，我的回答似乎没有什么作用，因为哈塞先生还是十分迷茫，不知道该怎么做。就在这个时候，格兰特尔过来想让他的爸爸帮忙。

他对哈塞先生说："爸爸，你在这里太好了，能不能帮我一个忙，帮我找一本书吧，那是我非常喜欢的一本书。"

哈塞先生又开始着急了，问格兰特尔："孩子，你仔细找了吗？

一点也不记得自己把书放在哪里了吗？”

“我已经找了很多地方了，这本书对我来说非常重要，帮我一下吧，求你了，爸爸。”

哈塞先生非常着急，对格兰特尔说：“你怎么那么马虎啊？你真的找不到了吗？你等一下，爸爸马上回去帮你找啊。”

这时，我说话了：“哈塞先生，你不要着急，我相信孩子自己可以找到的，你应该相信格兰特尔。”

“可是，我还是想回去看一下，这个孩子实在是非常马虎，他需要我的帮助。博士，等我一会儿，我马上就会回来的。”

于是，哈塞先生立刻和格兰特尔一起回去了。没过多久，他就来到了我的家里。

我关切地问道：“怎么样了？怎么这么快就回来了？书找到了吗？”

哈塞先生笑着说：“我们家孩子实在是很不细心啊，他根本就没有好好找，那本书就在他自己的床上。”

我则说道：“我就觉得不会找不到的，其实这件事情，你应该让格兰特尔一个人做，这样就可以锻炼孩子的独立性，这么小的事情，他都需要你的帮忙，那以后怎么办啊？”

我们正说话的时候，一个声音打断了我们，不远的地方传来了敲敲打打的声音。

我们看过去，发现小塞德兹正在敲一些什么东西，这让我们好奇起来。我也想知道他到底在干什么，便走到他身边。我发现，小塞德兹正在修理他的小自行车。

我对小塞德兹说道：“威廉，你的车子怎么了？”

“爸爸，我的车子坏了，脚踏板有些问题，我想把它弄好。”

这时，哈塞先生则又说道：“威廉，你那么小，怎么可能修好啊？让你爸爸帮你修吧。”

我则对小塞德兹说道：“威廉，你的方法不对，让爸爸告诉你正确的方法吧，这样才能修理好这辆自行车。”

我告诉小塞德兹正确的方法，让他不要没有章法地胡乱敲，我教他先将车子的脚踏板弄下来修好，然后将修理好的脚踏板重新安装上去。

我告诉小塞德兹方法以后，并没有帮助他修理，而是继续和哈塞先生在一旁聊天。

我的这种行为让哈塞先生很不满意，他认为，我应该去帮助小塞德兹，而不是让小塞德兹一个人修脚踏板。

小塞德兹见状，也跑了过来对我说：“爸爸，我不会，我修不好，怎么办？”

可是，我并没有帮助他。而是再一次告诉他修理的关键。我希望小塞德兹可以再重新试一次。我相信小塞德兹，也相信他可以修理好。

小塞德兹恢复了信心，又继续开始了自己的工作，他认为自己一定可以修理好。

可是，在一旁的哈塞先生实在忍不住了，他对我说：“我真的不明白，你为什么不愿意去帮助威廉？如果是小事就算了，可是，这竟然是让孩子自己修自行车，我真的不赞同你的行为。”

可是，我却不这么认为，我笑着对哈塞先生说：“哈塞先生，你不用担心，小塞德兹会解决好的，我相信我的儿子，而且我已经把方法都告诉他了。”

哈塞先生不知道应该说什么，他不说话了。

就在这个时候，小塞德兹高兴地走了过来。他把车子修好了，很开心地在我们面前炫耀。他说：“谢谢爸爸对我的帮助，我真是太高兴了。”

小塞德兹的中学生活也结束了，他在中学里总共待了一年的时间，但是，他得到了很多，并且开始了自己创新。

小塞德兹设计了很多东西，还发明了以 12 为根的对数表，这对于一个 8 岁的孩子是非常了不起的事情。很多媒体也对小塞德兹的才能进行了报道，他们一直都对小塞德兹的才能予以关注。

小塞德兹在语言上也十分有造诣，他对学生们都非常头疼的语法十分有研究，并且还通过自己的努力，发明了新的更加简便的语言，这个还被命名为 Vender good 的名字。

这实在是非常了不起的事情。小塞德兹竟然可以自己发明一种语言，而且这种语言要比现在我们所用的语言更加简单。

在中学期间，小塞德兹还写了自己的书，一共有四本书，是关于天文学、解剖学、数学、语言的书籍，看过这些书的人都给予了很高的评价。

» 让孩子乐观勇敢地接受挑战

乐观是一种积极去面对问题和生活的态度，尤其是在困难和挫折面前，乐观的心态更是支持孩子走出困境的最好精神动力。

乐观的人在看事情时总是能够从积极的方面着眼，看到事情的希望。培养孩子乐观的心态，才能够帮助孩子很好地面对生活中的挫折和磨难。

父母培养孩子乐观的心态，就是培养孩子积极乐观的人生态度。而这种人生观会让孩子受益一生，无论未来碰到任何困难都勇敢地面对和承担，而不是去逃避和退缩。这种心态对孩子是非常有益的。

有一天，小塞德兹和格兰特尔都收到了一封信，这是一个教育机构举办的比赛，希望小朋友可以去参加。这个邀请函上这样写道：

“在 4 月 5 日，我们将举办一场朗诵比赛，目的是希望小朋友可以通过参加这个比赛，增长自己的知识，开拓孩子的视野。希望孩子们可以踊跃报名参加比赛，并且获得好的成绩。”

小塞德兹收到这封信以后，非常兴奋，他马上跑到格兰特尔的家里，希望格兰特尔也收到同样的信，这样他们就可以一起报名参赛了。当他到达格兰特尔家里的时候，他非常高兴，因为格兰特尔正拿着邀请函在仔细地阅读。

他走上去，对格兰特尔说："我好高兴啊，我们一起参赛吧。"

"我还没有想好。"格兰特尔说道。

"为什么？多好的机会，不要再犹豫了。"小塞德兹说。

"可是，我胆子小，所以有些胆怯，不知道怎么办。"格兰特尔对小塞德兹讲道。

这时，小塞德兹说："不要胆怯，我们就是上去读一首诗，只要自己的心态可以放平和，我想这件事情就很容易。"

"但是，我害怕我丢人，害怕没有面子，我很紧张，不知道应该怎么做，真的十分难为情。"格兰特尔说到自己现在心里想的，他的胆量还是非常小，没有小塞德兹有勇气。

小塞德兹则对格兰特尔说道："格兰特尔，我们是人，不是神，肯定会犯错误的，谁都犯过错误，这就需要看我们自己怎么看待这件事情了。"

"可是，我还是害怕，害怕自己出错，也怕出丑。"

"我觉得不会有事的，你相信我吧，要不然，你自己试一下不就知道了，我们一起报名参赛。"

格兰特尔说道："真的要试吗？"

"对呀，你试一下不就知道了，我们一起报名，这样我们就可以相互做伴了，你不会觉得害怕，我也不会觉得无聊了。"小塞德兹对格兰特尔说道。

格兰特尔同意了，他愿意和小塞德兹一起去，他们结伴一起去了报名的地方。

他们一走进报名的地方，看到这里全部都是人，都是来这里报名的孩子和家长，有的孩子在玩耍，有的孩子则在认真地练习自己将要

朗诵的诗歌。

这个时候，小塞德兹看了一眼格兰特尔，他十分紧张，浑身都是汗珠。因为，他从来没有参加过这么大的比赛。

他对小塞德兹说道:“威廉,我害怕了,我不想去报名了,我想回家。”

“你说什么呢？我们已经来了，怎么能放弃呢？”小塞德兹对格兰特尔说道，他不希望格兰特尔放弃。

这时,格兰特尔已经没有了信心,小塞德兹看见了,又继续说道:“我知道你很棒，为什么不让所有人都知道呢？你是因为太在意这件事情了，所以非常紧张。记住，不要紧张，就把它看成很小的事情就行了，不要想得太大或者太什么，这样只会让你紧张。”

但是，格兰特尔仍然不说话。

“格兰特尔，放松点，你应该把握住这次机会，我们没有多少这种机会的。我知道你是非常勇敢的，也敢上战场，虽然现在不是战场，但是，也需要我们拿出勇气去面对。我们需要正确地面对这件事情，不要担心出错，只要我们站上去，我们就胜利了。”

小塞德兹将平时我和莎拉给他讲的道理，告诉了格兰特尔，希望可以帮助他振作起来。虽然，格兰特尔未必明白这些道理，但是，小塞德兹希望可以带给格兰特尔勇气，让他可以面对现实。

格兰特尔看了小塞德兹一眼，问：“真的吗？”

小塞德兹很肯定地点点头，并且告诉格兰特尔，这是我告诉他的，我一直这样鼓励他。

格拉特尔终于恢复了信心，他对小塞德兹说道：“威廉，你说得对，我不应该再这样下去，我应该拿出自己的勇气，谢谢你。”

格兰特尔最后和小塞德兹一起参加了比赛，他没有退缩，也非常勇敢，他的朗诵非常好。让所有人都惊奇的是，格兰特尔和小塞德兹竟然并列第一,这对于两个孩子来说是上天赐予的礼物,他们非常开心。

小塞德兹开始吸收我的教育方法，他也懂得了其中的道理，并且也用这些方法帮助周围的朋友，格兰特尔就是他帮助的一个。

在孩子的一生中，面临着许多挑战和选择，没有勇敢的品质，不可能把握住良好的机遇，也不可能克服困难，迎接最后的成功。勇敢是战胜困难的信心，是战胜自我的勇气。那些勇敢的孩子往往为了自己的正当利益，能够不怕困难、不畏强暴、不达目的誓不罢休。

勇敢为越来越多的父母所忽视，许多孩子最大的缺点竟然是“胆小”。父母一定要让孩子认识到，只有勇敢的孩子才能有勇气和胆量去克服艰难险阻和自己内心的恐惧，最终取得成功。

孩子的胆怯与父母的教养方式有很大的关系。许多父母溺爱孩子，导致孩子失去了许多锻炼勇气的机会，使孩子缺乏基本的适应能力，即使是很小的困难和刺激也接受不了。

» 让孩子乐于学习和创新

由于小塞德兹已经完成了中学的课程，所以，他没有去学校，更多的是在家进行自学。为了帮助小塞德兹更好地学习，我尽可能完成他的愿望，希望可以帮助他，让他更好地成长。

尽管没有了学校的小伙伴陪在小塞德兹身边，但是，我想方设法地满足他的要求，让他可以感觉到自由和快乐，不感觉到孤单。

在某一天的下午，我正在看书，小塞德兹走了过来，对我说：“爸爸，我现在有一个愿望，我想画画，可以吗？”

我非常赞同，我认为这是一件好事，有助于孩子的内心成长和发展，应该给予支持。

于是，很快地，我就去商店给小塞德兹买齐了画画所需要的工具，希望这些可以帮助他进行艺术创作。

在对小塞德兹的教育中，只要是我认为对他的成长有益的要求，我都会满足，让小塞德兹可以尽情地享受自己的兴趣、爱好。

可是，没过几天，小塞德兹却开始愁眉不展了。我不知道小塞德兹遇见了什么困难，对画画的兴趣似乎也没有那么强烈了。

我对小塞德兹说：“威廉，你怎么了？是不是不喜欢画画了？”

我边说边看着他。

小塞德兹看着我，想要说什么，但却没有开口，于是我继续说道："威廉，没有关系的，爸爸支持你，你不喜欢画画，咱们就不画了，咱换一个吧，你告诉爸爸，你想干什么？"

这时，小塞德兹对我说道："爸爸，你误会了，我很喜欢，只是我画得很不好，所以，我才感觉很难过。"

我听见小塞德兹这么说，便放心了，于是对他说："哦，原来这样啊，没事的，我们需要时间才可能画出好看的画，爸爸相信你。"

这时候，我意识到自己应该帮小塞德兹找一个教画画的老师，因为他对画画的基本常识一点也不了解，应该帮他找一个老师，教他一些画画的常识和技巧，我这才知道，自己犯了这样的错误。

于是，我对小塞德兹说道："威廉，爸爸给你找一个老师教你学画画，好不好？"

小塞德兹非常高兴，他不停地点头。

可是，很长时间过去了，老师一直没有找到，因为我认为这个老师应该具备非常优秀的道德素养和绘画能力，所以，一直没有找到合适的人选。就这样，很长时间过去了，小塞德兹还是一个人在自学。

小塞德兹好奇地问我："这么长时间了，怎么还不见老师啊？"

我不想隐瞒孩子，我告诉了小塞德兹为什么没有找到老师。可是，小塞德兹非常想画好画，他开始难过了。

我看见小塞德兹的反应，也十分难过，希望他可以振作起来，不要被生活打败。

于是，我对小塞德兹说道："威廉，你有没有想过自己尝试一种新的绘画方式，来表达你内心的想法呢？或许会得到意想不到的效果。"

这句话给小塞德兹极大的启发，他似乎知道自己应该怎么做了，他跑回房间，开始试着用不同的方法演绎自己内心的想法，他开始有了自己的思路。

过了一些时间，小塞德兹画出了一些画作，他叫我和莎拉进来观看，希望可以给他点意见。

我和莎拉进到了小塞德兹的房间，里面的一切把我们惊呆了。

小塞德兹画了一幅风景画，完全意想不到的画。画上有一片非常美丽的田野，田野上是金色的麦穗，天空中飘浮着几朵白云，不远处还有一个风车立在那里。

小塞德兹用黄色的画笔画出了田野，但是白云却是贴上去的棉花，风车是用小木棒组成的，麦穗更是由一块块布给代替了。这真是一幅与众不同的作品啊，是独特的创作。

莎拉抱着孩子，说道："威廉，妈妈佩服你，这真是独特的绘画方式，妈妈以你为豪。"

小塞德兹笑着说道："这没什么，我是听了爸爸的话，才这么想的，我也觉得很有新意。爸爸，你觉得怎么样？"

我说道："威廉，你很棒，我觉得你可以想到这样的方法，非常不简单，爸爸很喜欢你这种创作手法。"

有了我的鼓励，小塞德更加自信了，他连续几天一直在自己的房间里忙碌着，创作了很多画作，并且一幅比一幅好看。后来，我终于给小塞德兹找来了绘画老师，当老师看到这些作品的时候，也很震惊。

他对我说道："博士，您的孩子真是非常优秀，他有着创作的勇气和能力，这真是十分少见。而且，他拥有很好的色彩感，这是画家所必备的因素，也是十分难得的。"绘画老师对小塞德兹给予了很高的评价。

我一直坚持自己对孩子的指导，相信自己可以给予孩子正确的引导，让孩子具备勇气和能力，并且可以很好地适应社会。

对于格兰特尔来说，他出生在一个非常优越的家庭环境中。他的父亲和母亲也都受过极好的教育，对于孩子他们有自己的教育理念，并且给孩子营造了一个优越的成长环境。

对于格兰特尔的教育，他们一直没有松懈过，在格兰特尔不到 2 岁的时候，就开始教他各种各样的知识和技能。

哈塞先生十分热爱音乐，对音乐有着极其特殊的情感。他也希望自己可以从事和音乐相关的工作，但是，由于很多事情的限制，他没有办法实现。

所以，他将自己的儿子看成自己圆梦的希望，从小就让格兰特尔学习各种乐器，希望孩子可以成为真正的音乐才子。

对于格兰特尔的音乐教育，哈塞先生十分重视，他给格兰特尔请了非常优秀的音乐老师，教格兰特尔学习钢琴。

可是，格兰特尔就像天生抗拒音乐一样，他对这些没有任何感觉。尽管经过了很长时间的学习，格兰特尔还是没有任何长进，弹一首曲子都相当不易。

但是，哈塞先生并没有气馁，还是让格兰特尔继续学习音乐。

当老师都已经撑不下去的时候，哈塞先生就自己教孩子，他希望孩子可以在音乐的道路上有所成就。

有一次，在一个家庭聚会中，大家想让格兰特尔上台弹一首曲子。

因为，所有的人都知道哈塞先生在音乐上有很高的造诣，并且格兰特尔一直都在学习钢琴，所以，非常想听到格兰特尔弹琴。

但是，这似乎是格兰特尔最怕的，因为他弹得真的不好，哈塞先生也知道格兰特尔不可能弹好。但是，大家已经提出了要求，哈塞先生也不好意思拒绝。

于是，哈塞先生对格兰特尔说道："孩子，你就上去演奏吧，不要害怕，只要发挥平时的水平就可以了。"

但是，格兰特尔还是不愿意。老师也对格兰特尔说道："孩子，没事的，不要害怕，你就演奏我们刚刚学的那个就可以的，相信自己是最棒的，不要害怕，你很优秀。"

格兰特尔终于被说服了，他走上了台前，准备弹奏一曲。

这个时候，全场都安静了下来，小格兰特尔害怕了，他感觉所有的人都在看他的笑话，他的心无法平静下来，更加没有办法演奏好一首曲子。

过了很长时间，格兰特尔才让自己平静下来，但是，还没弹奏多长时间，他就再也弹不下去了。

格兰特尔哭着跑回了自己的房间，他的心里非常难受。

这个时候，哈塞先生也去了格兰特尔的房间。他没有给格兰特尔关心和慰藉，而是一进门就开始谩骂。

他对格兰特尔说道：“你怎么那么没有本事？教了你那么长时间，你连一个音都弹不好，你真是比猪还蠢！你真丢人，看以后还怎么面对别人。”

就在这个时候，外面传来一阵声音，另一个小女孩要上台演奏。所有人都表示欢迎。

这是一个客人的孩子，哈塞先生也想听一下这个小女孩弹得怎么样，他们没有说话，而是在房间里静静地倾听。让人非常意外，这个孩子只有 4 岁，但是，她的钢琴却弹得十分不错，这让哈塞先生更加羞愧难当。

“你真是没有用，一个 4 岁的孩子都弹得这么好，可你呢？”哈塞先生大声嚷道。

就是因为这件事情，格兰特尔再也不愿意接触与音乐有关的一切事物。同时，以前活泼的格兰特尔也变得不再多言，他的性格越来越趋于内向，不愿意表露自己的心声。

通过这件事情，我更加坚信自己对小塞德兹教育的正确性。我从来没有给小塞德兹强加任何自己的喜好，完全是让小塞德兹自己选择，这样在学习的过程中，他自己就会有很浓厚的兴趣，会去自觉地指导自己不断学习。

第七章 给孩子注入正能量

» 给孩子快乐的学习空间

孩子的成长和发展需要有一个宽松的、开放的、积极的引导环境，父母需要在热切期望和等待中来迎接孩子的成长。孩子的发展，要遵循天性，父母不能任意抹杀孩子的创造欲望和玩乐心态，要让孩子自由发展。

孩子的成长不仅包括他身体增长，更主要的是他的语言、精神、气质、思想以及为人处世的能力的提高和发展．可为了使孩子的成长迅速一些，我们往往采取一些过于激进的教育措施，无视孩子的兴趣。

不可否认，孩子多掌握点知识，多学点本领，本没有什么坏处，但关键是要孩子自己愿意。否则，只能适得其反，不但不能使孩子按照自己的愿望发展，还可能极大挫伤孩子的积极性。这是得不偿失的。

日子一天一天地过去了，不知不觉小塞德兹已经 5 岁了，他现在的知识水平已经相当于小学毕业生的水平，但是，因为他年龄还很小，所以，他还没有上学，每天就是在和小朋友们一起玩耍。

有一次，小塞德兹还是像平常一样和小朋友在一起玩耍。突然，格兰特尔看见一只小猫，于是，所有的孩子都冲了上去，他们希望看看这只猫。可是，这只猫的反应让所有的人都感觉到奇怪，它并没有像其他小动物一样跑掉，而是在原地一动也不动。

看见那只猫不动，很多小伙伴便拿起了石头，向它的身上砸去，小猫因为疼痛而叫了起来。但是，大家并没有停止对小猫的伤害，而是继续拿起石头朝小猫的身上砸过去。就在这个时候，小塞德兹站出来，阻止了大家的行为，并将受伤的小猫抱走了。

他回到家里，希望我可以救救这只小猫。听见儿子可怜的哀求，我心软了。我给我的医生朋友打了电话，希望他可以救救这只小猫。没过多久，小猫痊愈了，并且成为了小塞德兹的好伙伴。

这件事情让小塞德兹开始对医学产生了浓厚的兴趣，他希望自己可以学习医学的相关知识。

于是，小塞德兹走到我面前，说："爸爸，医生真是伟大和了不起，是他们救了小猫，如果没有医生，小猫就会死掉。我想学习医学知识，成为一名医生，能吗？"

我看着小塞德兹，坚定地告诉他："威廉，你说的是对的，医生是十分重要的，我们人类也需要医生帮助我们恢复健康。我支持你的梦想，你可以学习医学知识，只要你愿意。"

小塞德兹兴奋地看着我说："我真的可以学了？谢谢爸爸，爸爸现在就教我好不好？教我掌握这些知识。"

我对他说："爸爸可以教你，但是爸爸是研究心理学的，不能够很全面地教你医学，我只能教你一些关于医学方面的简单知识，这些都是成为一名医生所必须具备的知识。"

于是，我走进书房，拿出了自己一直珍藏的人体骨骼图给小塞德兹看，希望他通过这个图可以先了解一些医学常识。

在我的引导下，小塞德兹在5岁的时候就对人体表现出极强的兴趣。在我的帮助下，他开始对医学知识有了初步的了解，并且还通过了医生从业资格的初步考试，这实在让人赞叹不已。

兴趣是最好的老师。孩子在做自己感兴趣的事情时，往往有使不完的劲和用不完的精力。可对于自己不感兴趣的东西，孩子们可就犯

愁了。平常与父母关系密切一些的孩子可能在听完父母耐心的开导后，还会适当地配合，但是这样违背他们兴趣的学习，其效果就很难说了。

父母忽略或者无视孩子的兴趣和爱好，凭借自己的主观意愿为孩子安排学习课程，必将束缚孩子的正常发展。

父母要尊重孩子的兴趣爱好，首先应该了解自己的孩子对什么感兴趣。现实生活中，许多父母忙于工作，没有多少时间陪孩子，更谈不上真正去了解孩子的兴趣爱好了。

许多父母的现实做法是“随大流”，身边朋友的孩子学什么就让孩子学什么。这样做的确可以为父母省下许多时间和精力，却使孩子大量宝贵的时间浪费在了他们根本无心学习的课程上。

这时候，很多人都知道了小塞德兹，并认为他可以成为非常出色的人，甚至还有人认为小塞德兹拥有上天赐予的特异功能，只有真正了解的人，才知道小塞德兹付出了多大的努力，才获得了现在的成就。

我有一位医生朋友叫爱斯特，他的医术非常高超，在医学领域享誉盛名。同时，在教学上也有很好的教学理念。当他听到关于小塞德兹的事情之后，对小塞德兹进行了很高的赞誉，并且认为小塞德兹长大后，会成为一名优秀的医生，能够救助更多的病人。

可是，听到这些话的小塞德兹并不是十分高兴，他很认真地告诉爱斯特，他并不希望自己将来成为医生，他只是想学习知识，其他的他都没有想过。

这让爱斯特非常吃惊，他认为小塞德兹在浪费自己的时间，如果不愿意成为医生，为什么要在这个领域花这么多时间呢？这就是对自己的不负责任，这样将会白白浪费很多精力。

爱斯特的话语，给小塞德兹极大的震撼，他开始失去了自己的斗志，不知道自己现在做的这些是为什么。他开始迷茫了，开始对自己的一切行为产生怀疑，并且对周围的新奇事物也渐渐失去了兴趣。

有一次，小塞德兹一个人在客厅拿着书发愣，我看到他这个样子，知道他一定遇到了难题，我应该帮助他渡过难关。

于是，我走上前去，对小塞德兹说："威廉，你怎么了？为什么一直这么闷闷不乐？"

小塞德兹似乎并不想理会我，没有回答。我继续问他："你肯定有事情，你告诉爸爸，说不定爸爸可以帮你。"我希望小塞德兹可以说出他的烦恼，让我帮助他解决心里的难题。

小塞德兹终于愿意说了，他对我说："爸爸，你知道吗？这几天，我一直在想关于爱斯特先生说的话，我觉得他说得十分有道理，既然我不想当医生，那我花费这么多时间在医学知识上不就是在浪费时间吗？我是不是不应该花费这么多时间在这里？"

我知道了小塞德兹的烦恼，于是，我问他："那爸爸问你，你还想学习这些知识吗？"小塞德兹毫不犹豫地说："想，我非常喜欢这些医学知识，但是，一想起我可能学习这些东西没有任何用处，我就不想再学习它们了。"

我知道小塞德兹正在茫然之中，便对他说："你想好以后要当什么了吗？知道将来的打算吗？你想当语言家吗？或是你想成为一名画家？"

小塞德兹摇摇头，对我说："我不知道，但是，我希望自己能成为一个对社会有用的人。我不知道自己想成为什么，只是现在自己对什么感兴趣就学习什么。"

"看来，你没有任何目标，那我们就什么都不用学了，反正你自己都觉得学了也没有什么用。"

小塞德兹马上说道："爸爸，我不要，我想学，我真的对学习知识很感兴趣，我希望了解这些知识。"

"威廉，你现在还这么小，根本不可能知道自己将来会做什么，我们现在只能多学一些知识，希望可以对未来的成长有帮助，你现在

并没有在浪费时间，我们只是在做一些有益于自己未来发展的事情。”

小塞德兹好像突然明白了什么道理似的，豁然开朗，但是，他的脸上又露出了疑惑，对我说：“那爱斯特先生的话对吗？难道他犯错了？”

“这是爱斯特先生的意见，每一个人都有自己的想法和观点，我们不可能改变别人，我们能做的就是坚信自己的想法，只要我们自己认为是对的，并且可以坚持下去，就会找到自己的道理。”

“那我真的可以再次学习医学吗？尽管我以后可能并不想当医生。”

我点了点头，给了小塞德兹肯定的回答，并且让他自由地选择自己想学的一切知识。在得到我的肯定后，小塞德兹不仅学习了医学知识，而且还涉猎了天文、地理、物理等多个学科，并且也知道了这些学科的重要性，他真正地使自己遨游在知识的海洋。

» 给孩子创造好的生活环境

哈塞先生曾经为了帮助格兰特尔坚定信心，给他讲了一个故事。这个故事对于我来说意义深远，我也将这个故事告诉了小塞德兹，希望他也可以坚定信心，活在真实的世界里。

小塞德兹虽然非常聪明伶俐，但是他毕竟是个孩子，还是喜欢像别的孩子一样，睡觉前要听一个故事，这是他非常向往的。莎拉拗不过他，只好拿起故事书，准备给小塞德兹讲故事。

这时，我过来了，我让莎拉先去睡觉，由我给小塞德兹讲故事。我给小塞德兹讲的并不是神话故事，而是一个真实的故事，是格兰特尔爸爸给我讲的那个故事。

哈塞先生有一个堂兄弟，他的名字叫温斯特·来盖尔。他非常疯狂地迷恋宗教，并且在对孩子的教育上也用这种方法。

对于宗教的信仰，我们没有办法干涉别人，也不会反对。因为，有时候宗教对于社会的发展也是有益的，它可以帮助我们维持社会秩序，也会帮助劳苦大众克服苦难。

但是，如果我们将宗教运用到孩子的教育上，将会产生极大的危害。温斯特先生却将这种方式，用到孩子的教育上，并且经常用宗教中的故事来威胁自己的孩子。

温斯特的儿子叫斯特尔，他真的十分幼小，那年只有6岁，可是他却没有笑容，他的脸上更多的是恐惧和害怕。这可能是由于他父亲经常给他说，如果他不乖，他死后不会升入天堂，而是会下地狱。这对于孩子的影响真的十分巨大。

温斯特经常会吓唬自己的孩子，并要求自己的孩子对他的命令绝对地服从，不允许有任何的反抗。如果孩子不听话，他就会给孩子说那些可怕的故事。

就这样，孩子在这么小的年龄，却要每天服从宗教的教条，并且要绝对地服从。每天最重要的事情就是做祷告和背诵各种教条。这样的生活让孩子苦不堪言，但是他没有能力去反抗父亲，他害怕父亲给他所说的各种故事。所以，他必须对父亲进行服从。

孩子每天听到的父亲的话，就是他必须要做什么，什么事情不可以做。有时候温斯特甚至用命令的语气对孩子讲话。在长期这样的教导中，孩子变得冷漠，失去了孩子应有的快乐。

温斯特在他的孩子面前根本不像是一个父亲，更像是一个领导者，没有任何父亲的感觉。在这样的教育下的孩子是不会幸福的，小小的斯特尔，在面对他的父亲的时候，除了按照父亲的意愿去做事，他没有任何其他方法。他害怕自己的父亲，因为父亲的言语永远是那么的冷。

斯特尔在没有接受这样的教育之前，他是十分正常的。他和所有的孩子一样，对所有的一切都充满了好奇，他也喜欢去观察或者了解那些他不知道的知识。可是，他却是十分悲惨的，因为他的父亲没有给他正确的教导，使得他的人生发生了巨大的变化。

一天早上，斯特尔非常饥饿，于是，没有做祷告便开始吃饭了。可是，这一幕被他的父亲看见了，他的父亲对他进行了严厉的训斥，并且要求孩子马上开始做祷告。

小斯特尔想向自己的父亲解释一下自己为什么这么做，但是他错了，因为他的父亲根本听不进去他的解释，反而训斥得更加严厉了。

温斯特非常气愤地告诉小斯特尔："你必须做完祷告，否则不准吃饭。虽然你非常饥饿，但这不应该是你不做祷告的理由。"

温斯特没有给孩子任何解释的机会，依然固执己见。他很快让自己安静下来，让自己平静地进入另一个世界，做他的祷告，一切瞬间恢复了平静。

其他的人也不敢违抗温斯特先生的命令，他们放下手上的工作，马上开始进入祷告的状态。斯特尔看见每一个人都进入了状态，自己也试着开始祷告。

小斯特尔一直都不知道，为什么自己在吃饭之前，要做祷告，他不明白。于是，他试着壮大自己的胆子，去问父亲："父亲，为什么我们每天在吃饭前要进行祷告啊？为什么不祷告就不可以吃饭啊？"

父亲告诉斯特尔："因为这些食物是耶稣赐予我们的，我们要感谢赐予我们食物的神！"

"我却认为上帝不希望我们这样做，因为他是爱护子民的上帝，他不会介意我们是否给他们做祷告的。"

父亲告诉他："上帝是仁慈的，但是，我们不能因为上帝的仁慈，就不对他们进行感谢，这样就是我们的不对。"

但是，小斯特尔仍然想继续问他的父亲，可是温斯特似乎已经失去了耐心，他对于孩子的问题满是抱怨，于是，狠狠地给了孩子一巴掌，口气很凶地对小斯特尔说："没有什么为什么，你每天按时进行祷告就可以了。"

小斯特尔哭了，但他仍然不知道这到底是为什么。他的父亲看了看孩子，告诉了小斯特尔下面这句话：“我让你每天做祷告，是不想你以后下地狱去受尽那里的酷刑。”

说完这句话，温斯特开始给他的孩子描述地狱的模样，地狱是那么的可怕。小斯特尔害怕极了，他不敢去想象那些画面。

因为父亲一直给孩子讲这些东西，渐渐地孩子认为这些东西是真实存在的。他害怕这些东西，也越来越不敢反抗自己的父亲。因为，他害怕自己有一天会进入那魔鬼般的地狱。

现在，小斯特尔已经长大了，他今年 17 岁。但是，因为童年给他造成了巨大的伤害，他很多事情都不敢去做，害怕自己会伤害父亲，更加没有勇气去做，童年的教育无疑使他成为一个胆小怕事之人。

这个故事讲完了，小塞德兹听得十分入神。他思考了一下，然后对我说：“我知道爸爸想让我明白什么，爸爸，你是不是想告诉我，其实很多故事都是不真实的，我们是实实在在的人，我们应该活在真实的世界中，不要被那些没有的事情而吓倒。”

我笑了，我很开心小塞德兹能够明白我的用意，我对他说：“爸爸希望威廉可以活得幸福、快乐，可以做一个有勇气的孩子。”

小塞德兹兴致勃勃地向我保证，他一定可以做到。

在以后的生活中，小塞德兹真的像自己说的那样，变成了一个很有自己想法和主见的孩子。他不会轻易相信任何事情，他知道应该自己去求证每一件事情，并且相信自己的观点和认知，成为了一个有想法和坚定意志的孩子。

人和周围的环境是统一的整体。孩子的独立意识不强，更容易受周围环境的影响。良好的学习环境使孩子的学习事半功倍，不好的学习环境则会对孩子的学习造成阻碍。

因此，孩子学习的时候，父母要努力为孩子创造良好的学习环境，让孩子在良好的学习环境中专心学习，发挥自己的潜能，以取得更大的进步。

家庭是孩子的第一学习环境，是培养孩子良好学习习惯和性格的摇篮。调查发现，很多学习成绩不理想的孩子，都是由于缺少良好的家庭环境。对孩子来说，学校环境很重要，但是家庭环境也是保证学习好的很重要的因素。

孩子在安静的学习环境中和在吵闹的学习环境中的学习效果有明显的不同。父母为了实现“望子成龙、望女成凤”的愿望，积极营造一个良好的家庭学习环境是至关重要的。

良好的学习环境不仅可以为孩子的学习提供良好的学习氛围，还可以让孩子保持良好的心情，同时也有助于孩子学习习惯和生活习惯的培养，对孩子的学习和性格发展都有着很大的作用。

父母要积极地为孩子创设一个健康宽松、温暖和谐、积极向上的家庭环境，以期达到促进孩子好好学习的目的，这是向成功家教迈出的第一步。

» 要让孩子树立自信

一个人最大的敌人就是自己，如果不够自信，当面对困难事情时便会自乱阵脚，选择逃避或者退却，从而与成功擦肩而过。**自信能让孩子在面对困难和挑战时从容自如，**因为他坚信自己可以克服眼前这些障碍，达到最终的目标。

孩子如果失去自信，就会被颓废和绝望所困扰，会认为自己处处不如别人，自己做什么事情都不可能成功。在这种错误信念的推动下，孩子很容易对现实抱着消极、悲观的态度，不愿意努力克服眼前的困难，从而难以取得成功。

父母必须帮助孩子树立自信，让孩子客观分析现实状况，认识自己的长处和不足，相信自己一定能改变并且成功，这样距离成功也就不远了。

在我们生活的地方，所有的男孩子在6岁的时候，就必须进入学校学习知识。这一年小塞德兹正好6岁，到了应该进入学校的年龄，我们便将他送进了学校。

小塞德兹十分兴奋，他对自己的学校生活十分憧憬。开学的那一天，他很早就起床了，他想象着学校里面的各种场景，心里面十分欢喜。莎拉收拾好以后，带着小塞德兹去了学校。

学校的环境是那么的美丽，里面有好多的孩子，小塞德兹非常喜欢这里的一切。他告诉莎拉，他很高兴，非常喜欢这个学校。莎拉看着小塞德兹脸上的笑容，十分欣慰。

莎拉看着小塞德兹进入了自己的班级，放心地走了。对于新生，学校有个规矩，就是老师要对每一个孩子的水平进行测试，清楚地了解每一个孩子的水平。

这时，老师手里拿着一本书走进了教室，他看着孩子们说："请问，你们哪一位可以给我念一下课本上的课文呢？"

小塞德兹听见老师这句话后，从书包中拿出了自己的书籍。然后，对老师说："老师，我可以给大家读，但是，不是读你那一本，而是我这本《莎士比亚》。"

这时，老师的脸上全是惊讶，他无法想象这么小的孩子竟然可以读那本书。但是，还没有等老师说话，小塞德兹已经开始读起来了。他读得非常认真，发音也很标准，没有任何错误。

老师非常震惊，但是，老师仍然向他表示祝贺，他真的非常棒。但是，小塞德兹并不知道，他现在已经成为老师和校长苦恼的对象。

这就好比老师们会为那些调皮的孩子烦恼是一样的道理，只不过，他们这次是为了一个非常优秀的孩子而苦恼。他们不知道应该让小塞德兹上几年级，这是他们最苦恼的事情。

对于小塞德兹刚刚入学的情况，有很多不同的说法。有的说，他上午去学校报到的时候，学校将他安排在一年级，当中午莎拉去接他

的时候，小塞德兹已经成为一个三年级的学生了。还有一种说法是小塞德兹用了仅仅三天的时间，就一下子升了三个年级。

但是，《波士顿文摘报》曾经对小塞德兹的升学经历做了以下报道：

关于小塞德兹学习的经过，相关部门的档案中是这样记载的：小学一年级，上课时间为一天；小学二年级，上课时间为短短几天时间；小学三年级，上课时间为三个月的时间；小学四年级，上课时间为七天；小学五年级，上课时间为三个半月；小学六年级和七年级一共为一个月多一点。

当时，这篇报道几乎让所有的人惊奇不已。他们真的不敢相信，竟然有一个孩子拥有如此高的智商。

但是，很多人都十分惊讶，为什么在三年级和五年级的时候，小塞德兹要花相对较长的时间学习。很多人认为，这可能是因为，他在那段时间忙着研究其他事情所以延误了升学。

的确，小塞德兹在这段时间，一直忙于他的医学研究。在他 5 岁的时候，已经通过了医学资格的初试，但是，在以后的时间中，小塞德兹并没有放弃他的医学。

他投入了大量的时间研究生理学以及解剖学。他拿着莎拉当时准备考哈佛医学院的书籍，认真地研究着解剖学，这可是这个领域的权威书籍，是由格雷主编的。

自信在孩子的成长过程中起着很大的作用，自信是孩子取得好成绩和不断进步的动力。孩子拥有足够的自信，就能积极进取，勇于尝试新鲜事物，乐于接受各种挑战。

反之则表现出胆怯、害羞，不敢突破自己去面对新情况，从而丧失许多锻炼的机会，进而阻碍孩子身心的正常发展。

自信心能够成就孩子的一生。它对孩子一生的发展，无论在智力上、体力上或是处事能力上，都有着基础性的作用。在某种意义上，它比智力、知识更重要。

还有一次，家里只有小塞德兹一个人，我和莎拉都出去办事情了。但是，这一天有一个老妇人来到家中做客。

当听到敲门的声音以后，小塞德兹马上跑到门口去开门。当老妇人进到屋子里面，一个让她十分诧异的画面呈现在她的眼前，她真的无法相信眼前所看到的这个景象。

她告诉我：“我不知道威廉在干什么，但是，我看到了满地都是书，只看到书上写的是妇产科学，而且他的面前还有一个人体的骨骼模型。我真不敢相信，这仅仅是一个6岁的孩子，这么小的孩子，竟然会研究妇产科？”

“‘你为什么要研究这个啊？有什么用啊？’小塞德兹的回答真是让我难以忘怀，他告诉我，他在研究自己是怎么来到这个世界上的。”这位老妇人十分惊讶地讲述着他们对话的过程。

莎拉对这位妇人说：“不要惊讶，威廉十分喜欢研究东西，只要他有什么不明白的，他就会喜欢通过研究，自己找到答案。”

可是，这位老妇人却十分疑惑，她对莎拉说：“我不明白，这么大的孩子不是应该享受快乐的时光，自由自在地玩耍吗？”

“只要孩子自己觉得快乐就可以了，我们不强迫孩子做任何事情。”莎拉说道。

“威廉一直这样研究，哪里会有时间写作业呢？”

这时，我开始说话了：“他已经会那些知识了，我不想让孩子仅仅只是局限在书本上，只要他喜欢，我愿意让他做。”

这位老妇人没有再说话，但是，可以很容易地看到，她仍然充满疑惑以及对小塞德兹的钦佩。

小塞德兹非常喜欢解剖学，他很用心地研究着这门学科，并且通过了哈佛医学院的解剖专业的考试。我从内心为小塞德兹感到骄傲，他实在是非常了不起。

但是，我对于解剖学却一直不是非常感兴趣。因为要考博士，所以，必须转向解剖学。我一直不喜欢死记硬背，现在也不得不去背诵这些内容了。

当小塞德兹知道我的烦恼以后，就试图帮助我学习解剖学。他会和我一起学习解剖学，而且监督我背诵知识点。莎拉也觉得，我们父子十分有意思，我考博士竟然需要儿子的帮助。

» 在孩子迷茫时给予指导

小塞德兹在学校中，可以说是风云人物，所有的人都知道他是个小神童，每一个老师都对他赞不绝口。可是，或许是因为他听到了这么多赞美的声音，开始有一些忘乎所以，觉得自己像一个被人尊敬的圣人。

在学校，所有的老师都会给予他特殊的关照。在家里，他也是那么的自由自在、无拘无束。他开始有一些自满，甚至是自负了，于是，便产生了不好的行为。

小塞德兹放学后，便坐在沙发上一言不发，在看着自己手里的书籍，并且看得不亦乐乎。但是，这并不是小塞德兹平时看的书籍，而是家里没有的书籍，里面的内容也十分不健康。

我看到了发生的一切，便走到小塞德兹的身边问："威廉，你在看什么啊？"

小塞德兹很镇静地告诉我："这是一本很好看的书，我很喜欢这本书。我们班里的同学都在看。"

我对小塞德兹说："威廉，可以让我看一下这本书吗？"

小塞德兹很自然地将这本书给了我，当我看到里面的内容时，十分气愤。这是一本十分糟糕的书，里面到处都是不健康的画面，可是，小塞德兹竟然看这样的书籍，这让我气愤至极。

但是，我知道不可以对小塞德兹发脾气，这样他就会更加反叛。

于是，我对小塞德兹说：“威廉，这本书你不可以再看了。明天把它还给你的同学吧，不要再继续看了。”

小塞德兹十分不解地问我原因。我告诉他：“这本书里面没有任何知识可以帮助你，相反，它还会使你的人生变得庸俗不堪。”

可是，小塞德兹仍然不解地问我：“同学们都在看，我也喜欢看，而且现在我也没有什么事情，为什么不让我看啊？”

“每一个人都有自己的想法，我们不可能要求别人去做什么，也不能因为别人做了什么，我们就要做什么，这是不对的，我们应该有自己的想法。而且，孩子你真的没有事情做吗？你现在没有对知识的热情了吗？”我对他说道。

小塞德兹可能知道自己的语言已经伤害了我，便说道：“爸爸，我是想说，老师讲的内容我都会了，我不需要在花费时间了。”

“威廉，你以前对知识的热情都消失了吗？你真的确定自己真的已经什么都会了吗？”

小塞德兹知道了自己不对，但又十分茫然，不知道自己到底应该怎么做。

我似乎知道了他处于茫然阶段，于是对他说：“威廉，书的海洋是十分浩瀚的。任何人不可能完全学会所有的东西，我们只可能用自己有限的时间尽可能地去掌握一些知识。”

“我们只有不停地掌握知识，才能够更好地学会明辨是非的能力。但是，你需要明白你现在的能力只是暂时的，如果你不好好学习知识，别人就会比你好，你愿意落后吗？”

我接着说：“可是，让我非常遗憾，你竟然看这本书，这无疑证明你没有很好的认知能力，否则，你不会允许自己的时间花费在这种无聊的书上。”

小塞德兹知道自己做错了，他向我承认了错误，但是，他又迷茫了。他不知道自己接下来应该干什么，不知道什么才是对他有用的，他的眼睛中显露出了他的难过。

我知道小塞德兹处于迷茫了，于是，对他说："威廉，你现在要做的，就是让自己去掌握更多的正确的知识，让自己变得强大起来，并且可以试着去探索、去发现。"

小塞德兹恍然大悟，他知道了自己应该做什么，知道了自己应该向什么方向迈进。他开心地笑了，他不再迷茫了，知道了自己的前进方向。

经过这件事情之后，小塞德兹给人的感觉就是一下子懂事了很多。他不仅积极参加各种各样的业余活动以及户外锻炼，而且能够很清楚地知道自己想要做什么，自己的目标是什么。这些对于孩子未来的成长，无疑是有利的。

孩子在生活中，会遇到各种各样的问题，会遇到很多复杂的事情。可能会因为这些事，变得消极，甚至开始对自己产生怀疑。因为，在孩子身体成长的同时，他们的心智也在不断地成长和发育。

小塞德兹也是如此，小塞德兹的成绩一直是最好的，所以无论什么比赛他都希望自己可以拿到第一。但是，每个人都可能有自己的缺点和不足，一个人不可能什么都非常优秀，也会有自己的弱点和不足的地方。

有一天，小塞德兹报名参加了学校的跑步比赛，因为他的年龄很小，根本跑不过别人，最后，他跑了最后一名。

这件事情对小塞德兹产生了很大影响，他觉得自己十分丢人。但是，这是一场同年级的比赛，全部都是四年级的孩子，小塞德兹是一年级孩子的体能，怎么可能跑得过那些高年级的孩子？更何况他报的还是对速度要求非常高的 50 米跑步比赛。

可是，显然小塞德兹对这次跑步非常重视，而且觉得自己非常丢人，只拿到了最后一名。事情已经过去了很长时间，可是小塞德兹依然无法释怀。

这让我和莎拉开始有些担忧，我们害怕小塞德兹从此一蹶不振。于是，我走到了小塞德兹的身边，希望可以与他进行深谈。

我对他说："威廉，你是不是还在为跑步的事情而感到难受？"

"爸爸，我觉得我很丢人，自己在班级里一直都是第一名，可是，这次比赛竟然是最后一名。我觉得我难以面对其他同学。"小塞德兹讲道。

"威廉，对于这件事情，你自己想过为什么会跑最后吗？我并不认为你有多么的难堪和丢人，你看过你的对手吗？他们每一个人都比你高大，腿都比你长。在这方面你已经处于劣势了，所以，你肯定会输给他们的。"我说道。

"但是，爸爸，可我现在是最后一名啊，实在是非常的丢人。我学习成绩一直是非常优秀，可我的体育成绩却无法和他们比。"

"威廉，你现在的抱怨没有丝毫理由，他们的年龄比你大，我们可以通过后天的努力让我们智力迅速发育，但是，我们没有办法让自己的身体也快速生长啊。他们每一个人都比你大那么多，跑得比你快是正常的。"我对孩子说。

"可是，爸爸，你不知道，现在所有的同学都在看我笑话，我心里很难受。"小塞德兹还是无法把自己从悲伤的情绪中拉出。

我知道小塞德兹还在难过，自己已经不知道该怎么样劝解他。我让莎拉过来，试着用她的方法开解孩子。

莎拉对小塞德兹说："威廉，你知道吗？你现在是年龄小，所以你跑不过他们。但是当你也有那么的大的时候，你肯定可以超过他们。"

小塞德兹半信半疑地看着妈妈，不知道这是否是真的，但从他的眼睛里已经看到了希望。

莎拉接着说："妈妈没有骗你，你的体育成绩，在和你一样大的孩子中是最棒的。妈妈问过你的体育老师，相信妈妈。"听到这些话，

小塞德兹似乎又重新有了希望，他认真地听着妈妈讲的每一句话，他从妈妈的话语中重新燃起了希望的火焰。

小塞德兹终于恢复了信心，他知道自己应该怎么做了，他又恢复了原来的自己。

每一个孩子都具有天生向上的本能和把事情做好的自信。无数的例子证明，父母可以保护、培育、发展孩子的自信。

在现代激烈竞争的环境下，一个人是否能够在学业上、工作中取得成功，有没有自信心显得尤其重要。有了自信才有竞争力，有了竞争力，才可能在各领域取胜。而**一个缺乏自信的孩子，便缺乏在各种能力发展上的主动积极性。**

这件事情终于过去了，小塞德兹的心情也渐渐开朗起来了。我知道小塞德兹是应该加强锻炼了，于是，我在家里的花园中给孩子安置了一个秋千，希望可以帮助小塞德兹锻炼身体。我认为大部分的孩子都十分喜欢秋千，但是，小塞德兹却十分害怕，他不敢上去，更不敢荡秋千，因为他害怕自己摔下来。

可是，我仍然希望小塞德兹可以上去荡秋千，于是，我抱着孩子上去，并且让莎拉在下面扶着。可是，就算是这样，小塞德兹还是被吓得哭了，他十分害怕。

他的嘴里不停地说着："爸爸，快让我下来，我这样会摔的，爸爸。"小塞德兹两手紧紧地抓着绳子，没有半点松懈，十分害怕因为自己的疏忽而被摔下来。

我对小塞德兹说："威廉，不要害怕，爸爸在这里扶着你呢，妈妈也在这里。"

莎拉也对小塞德兹说："不要害怕，孩子，你看我们都在这里，你不会摔的，相信妈妈。"

但是，小塞德兹仍然十分害怕，嘴里不停地哭求着。

我知道了孩子是真的害怕，如果硬让孩子在上面待着是没有任何好处的，于是，我把小塞德兹抱下来，对着他说："威廉，你看看爸爸，爸爸给你先荡一下，做个示范好吗？"

于是，我开始了荡秋千，小塞德兹看着我荡得那么好，十分羡慕，希望自己也可以荡得和我一样好。

他大声对我喊道："爸爸，你真的非常棒，我也想和你一样，你可以教我吗？"

我非常开心，孩子终于愿意上秋千了，这样非常棒。但是小塞德兹的动作非常别扭，让人看起来很难受。所以，孩子扭了半天，还是扭不起来，而且动作十分难看。

就在这个时候，我们家里的佣人莱依回来了，她看到小塞德兹那么难看的动作，不由得大笑起来。并且对这小塞德兹说："威廉，你在干什么？你的动作十分滑稽。"

莎拉马上打断她的话语，并且对着莱依小姐说："他刚开始学习，你不认为他已经非常出色了吗？"

我也马上说了一句："是啊，刚开始可以做到这样，真是非常难得啊！"

莱依小姐知道自己说错了，她马上对小塞德兹说："你真的很棒，我刚开始学的时候，连扭都不会，只是一直在蹬腿，你真的很棒。"

听完莱依的话，小塞德兹显得十分兴奋，并且十分用心地学习荡秋千。

我看到小塞德兹的信心十足，于是继续对他说："威廉，你已经非常棒了，我小的时候学习荡秋千，还不如你呢？我甚至连秋千都不愿意上，因为，我怕自己不小心摔下来，真的一点都比不上你啊。"

这时，小塞德兹心里的恐惧感已经彻底消失了，他非常兴奋地在那里荡着秋千。

过了一天，我下班回到家中，听见从花园里传来阵阵笑声。原来，

小塞德兹已经学会了荡秋千，他和莱依小姐两个人，在后院里非常开心地荡着秋千。

当一个孩子跌入从未出现过的低谷时，父母只需在他的耳边说句悄悄话，那就是："你不比别人差，别人能做到的你也能做到，看下次的。"这种发自内心的理解和鼓励，就能让孩子有了精神的支撑和感情的靠山，使孩子敢于正视自己，迎接困难。

自信对每个人都非常重要。无论是面对学习的压力，还是工作的挑战，无论身处顺境还是逆境，自信都可以产生神奇的放大效应。因此，从小培养孩子的乐观精神，让孩子挺起自信的胸膛，是每个父母最重要的家教任务。

» 永远不要打击孩子的信心

但是，没过多久，另一件事情又开始引起了我的注意。我发现小塞德兹已经不喜欢玩秋千了，他每天都拿着一个哑铃，不停地举上举下，我不知道小塞德兹为什么会突然迷恋上这个东西。因为，我认为这项运动不适合小孩子，他的年龄不适合这项运动。

于是，我走到小塞德兹身旁问："你为什么要做这个啊？"

"这项运动非常好，我很喜欢。"小塞德兹告诉我。

但是，我不明白为什么儿子不去荡秋千，而要在这里玩这个游戏，这让我真的非常惊奇，于是，我问小塞德兹原因。

小塞德兹告诉我："今天，我遇到了哈塞先生，他让我和格兰特尔比赛，我荡秋千荡得好，格兰特尔的哑铃举得很棒。哈塞先生还说，我们谁可以胜利，那么就可以被称为天才。"

我非常生气，没有想到哈塞先生竟然没有告诉我，就让小塞德兹和格兰特尔进行比赛，这是非常荒谬的事情。因为，哈塞先生曾经和我提出过这样的要求，但是我并没有同意，我不认为这样的做法有助于孩子的成长。

我相当不满，甚至抑制不住内心的愤怒，很生气地对小塞德兹说：“你做这个荒唐的练习，就是为了比赛？”

可是，小塞德兹并没有觉得自己做得不对，反而对我说：“我希望自己每一件事情都是第一，我不想让他超过我，所以我必须练习。”

我已经十分生气了，我大声对孩子说：“你仅仅是想超过他，那么超过他，你又能怎么样？”

小塞德兹不知道应该怎么回答我的问题，自己是一直想要超过别人。可他没有想过别的事情，仅仅是想超过别人。所以，他不知道怎么办。

我看出了孩子的疑惑，于是继续对小塞德兹说：“爸爸知道你的想法。可是，孩子，我让你学习知识或者让你进行体育锻炼，强身健体，并不是让你跟别人比较。因为，你不可能什么事情都比别人强，你有你的弱点和不足，我们学习或者锻炼也不是为了别人，我们是为了我们自己。格兰特尔的身体那么强壮，你的力气肯定没有他大，你非要拿着自己的短处和别人的长处比，这不是自讨苦吃吗？”

小塞德兹好像明白了一些道理，他继续听着，我接着讲：“而且，你现在根本不适合练习这项运动。你没有那么大的力气举起这个哑铃。”

小塞德兹明白了我的意思，他不再锻炼自己的肌肉，他将哑铃放在地上，自己跑出去玩耍了。

但是，我却还是忧心忡忡，我认为这件事情是格兰特尔父亲做得不对，我需要去跟他好好谈一下。

我还没有进门，就听见格兰特尔在受爸爸的训斥，而且从声音中可以听出哈塞先生非常生气。

“你怎么这么笨，到底是什么原因，你真是让人不可理喻。你说说，你有什么比威廉优秀？你一点长进都没有。我让你和威廉比赛，是想通过这个比赛刺激你，可是你是怎么回事，越来越差劲。”哈塞先生十分严厉地训斥着格兰特尔。

格兰特尔也非常生气，他不知道自己怎么回事，自己越是想表现好，却越表现不好。他也非常难受，可是没有人理解他，只是在不停地抱怨他。

哈塞先生十分生气，他认为这就是因为格兰特尔实在是很笨，所以，他并没有安慰格兰特尔。

格兰特尔十分伤心，他哭着跑出了客厅，回到自己的房间。

这时，哈塞先生才看到我在他们的家中，于是马上笑脸相迎："博士，快请坐，刚才真是失态了，我不知道您在这里。唉，我只是想让格兰特尔能够在和威廉的比赛中成长起来，能够拥有上进心，可是，我现在发现我错了，事情演变得越来越糟糕。"

我说道："我知道会是这样的结果，所以，我今天才来找你，想跟你说一下这件事情。"

哈塞先生十分惊讶，他看着我，希望我可以详细地讲明缘由。

我继续说道："我本来就不同意让孩子们进行所谓的比较或者比赛，你想一下为什么我会反对。因为，这些比赛无形中会使胜利的人产生自负的感觉，他就会觉得自己十分优秀。但是，相反，输的那一个孩子呢？他就会越来越没有信心，开始对自己抱怨，觉得自己非常笨，这无异于是在打击孩子的自信心。这样下去，孩子又怎么会进步啊！"

哈塞先生好像明白了一些道理，他知道自己做错了，他知道自己使格兰特尔变得更加糟糕，他开始内疚和自责，觉得对不起格兰特尔。

哈塞先生对我说："博士，我知道我错了，可是，我应该怎么办啊？帮帮格兰特尔吧，我不想看着孩子一天一天消极下去，我还想看见那个乐观、开朗的孩子。"

我对哈塞先生说："我知道，格兰特尔是个好孩子，我也很想帮助他。我们现在需要做的，就是让格兰特尔知道，现在发生的一切事情都是因为他自己，和别人没有任何的关系。"

这时候，哈塞先生犹豫了，因为之前他已经刺激了孩子，他不希望再次给小格兰特尔打击。他认为这样的话，小格兰特尔就会把持不住，自己彻底失去信心。

我看出了他的担心，于是对哈塞先生说："不要担心，我们这不是给格兰特尔二次伤害，我们只是让孩子知道，这不是因为他笨，而是自己的失误造成的，这是我们重新建立孩子自信心的关键。"

他对我说："那我应该做什么啊？应该怎么做？"他依然不知道自己到底应该如何帮助孩子。

"我们要做的就是让格兰特尔知道，他非常聪明，他每次都输给威廉，是因为他自己的原因引起的。这样，我们就可以帮助孩子恢复自信了。"我对哈塞先生说道。

第二天，我带着威廉来到了格兰特尔的家里，这是他们昨天约好的。

小塞德兹一看见格兰特尔就很开心地跑过去，拉着格兰特尔的手，说："格兰特尔，你最近怎么了？我好想你，可是你也不来我家，也不来找我玩了，你到底怎么了？"

格兰特尔低着头，对小塞德兹说："你那么聪明，可是，我却笨得像猪，我看不起我自己，不适合做你的朋友。"

小塞德兹听得云里雾里，他不知道格兰特尔的意思，十分不解地看着我，想知道到底发生了什么事情。

接着，格兰特尔又说："这都是因为我，我实在是非常的笨，要不然父亲也不会生气。"

小塞德兹真是越听越不知道他在说什么，他仅仅是几天没有见格兰特尔，怎么就变成现在这个样子。

就在这个时候，我突然对格兰特尔说："格兰特尔，你这样自暴自弃，真是没有勇气。"

哈塞先生都惊呆了，他不敢相信自己的耳朵，我竟然会对他的儿子说出那样的话，他真的十分难过，这也出乎他的意料。

格兰特尔听到这句话，更加没有自信了，他非常伤心。

我继续对格兰特尔说道："你想过我刚才为什么那么说吗？"没等格兰特尔回应，我继续说道："因为你一直沉浸在自己的世界中，你从来不让自己去看一下外面到底发生了什么。而且，你没有让自己弄清楚每一件事，你就已经开始抱怨了。"

小格兰特尔似乎又恢复了希望，他还想听我会说些什么，他似乎找到了自己的希望所在。

我继续对格兰特尔说："你心情不好，是不是因为你一直都不如威廉，你的心受到了打击，你觉得自己非常蠢笨？"

他点了点头，表示了对我话语的肯定。

我接着说："你知道原因吗？你肯定没有想过。"小格兰特尔满是惊讶的眼神，我接着说："因为你从来没有像小塞德兹那么努力，威廉为了学习一样新的知识，他会花很多时间去思考、去背诵，但是，你没有，这就是你不如他的原因。"

这时，格兰特尔也开始说话了："我也曾经这样想过，但后来，我还是认为威廉很聪明，我没他聪明，所以，我比不过他。"

我接着说："这就是你的错了，你这种想法阻碍了你的进步。因为，知识的积累是一点一滴的，不是瞬间就可以形成的，就像你想超过威廉一样，我们就必须一步一个脚印地走，不能偷懒，应该坚持不懈。只有这样，你才会取得真正的成功。因为，任何人都不可能一天或者几天的时间，就可以超过另外一个人，所有的事情都需要一个漫长的过程，你明白吗？"

小格兰特尔明白了，自己应该努力学习，但是，他又对我说："我现在不知道应该做些什么，我已经失去了我的自信。"

"格兰特尔，你必须要明白，你的智商没有问题，你很聪明，只要你可以用功读书，你就可以取得成功，你一定要相信自己，你是很棒的。"我对格兰特尔说道，希望小格兰特尔可以真正地找回自己的信心，重新开始努力学习。

这时，格兰特尔的脸上已经流露出了喜悦和兴奋的表情，他很开心，并且一再重复地问我，真的是这样吗？我给予了他肯定的答案。

从那件事以后，小格兰特尔就像成了另一个人一样，他用功读书，并且非常认真，让所有人都觉得不可思议，孩子竟然成为现在这个样子。他还会和小塞德兹一起研究问题，他已经彻底改变自己了。

很快地，格兰特尔的成绩取得了飞速的提高，他的自信也得到了很大的提升，这时的他就像变成了另外一个人似的。

我对于孩子的教育一直是非常有耐心，我认为这样有助于孩子的成长和学习。这时的小塞德兹已经 7 岁了，他已经读完了小学，掌握了小学生应该掌握的知识。所以，我和莎拉希望孩子可以继续过学校里面的生活，进入中学学堂。

自信是人生成功的第一要素。自信的人敢于尝试新的领域，发挥自己的兴趣与才华；自信的人有主见，敢于做他人没有做过的事；自信的人面对挫折能从经验教训中获取继续前进的勇气；自信的人重信守约，敢于在团队合作中发挥自我的价值。

没有自信心的人，都是人生战场上的失败者。这种人是多疑的，连走路也没有坚定的姿态，他们根本没有勇敢奋斗的精神。

自信是支撑孩子一生的“铁脊梁”。对自己没有信心的孩子必然会对现实有诸多抱怨，他们把自己失败的原因归结为外在条件，不会从本身找原因。

没有自信的孩子不知道自信的心态才是决定成功的关键，一味抱着自己无论做什么都难以改变现状的观念，于是放弃一切努力与奋斗的心态，最终注定要成为人生的失败者。

为了孩子将来的发展，父母一定要改变不当的教育方式，想办法唤起孩子的自信，因为成功与自信的孩子为伴，不与自卑的孩子为伍。

» 不要用父母的权威打压孩子

在我们周围，有很多父母，时刻不忘自己的父母权威，动辄对孩子破口大骂，似乎只有这样才能表现出自己的父母地位。

其实这是完全错误的。这样不仅不能收到一定效果，还有可能引起孩子的逆反心理，使得孩子和自己对抗，结果是事与愿违。

据一项研究结果显示，与肉体处罚比较起来，父母对孩子动不动就破口大骂，更有可能在以后的岁月中给他们造成心理问题。

平等对待孩子，是教育孩子的原则。父母要摆脱板着面孔说教的形象，如果不能平等地对待孩子，会导致他太顺从或太叛逆，二者都会影响孩子身心的健康发育。

父母总是一副高高在上的“统治者”的面孔，总想把想法强加给孩子，这种做法是不受欢迎的。随着年龄的增长，孩子的自尊心也会增长，他们更渴望被平等尊重地对待。父母若能放下架子，会让孩子感到亲切、自然，乐意听从教诲。

有一次，小塞德兹和我一起去看望他姑姑，因为姑姑生病了。小塞德兹的姑姑有一个儿子叫彼特，小彼特和他的父亲是两个性格完全不同的人。

小彼特是一个十分活泼、好动的孩子。可是，他的父亲却是一个极为守旧和古板的人。这样两个性格截然相反的人生活在一起，总是会出现各种各样的事情，使得他们之间发生冲突和不愉快。

记得有一次，彼特的祖母送给他一个礼物，这个礼物是一个万花筒，从筒的一端向外面望去，可以看到里面有好多东西。

小彼特觉得十分神奇，他想知道里面到底有什么东西。于是，小彼特将这个万花筒拆了，想要一探究竟。他的父亲知道后，非常生气，就狠狠责备了小彼特。

这时，我和小塞德兹正在姑姑家做客，看见父子俩在争吵。但是，起因却是另外一件事情。

原来，小彼特将爷爷的表给拆了，这是小彼特的爷爷留给他父亲的唯一的遗物，他的父亲将这个表当作珍宝，可是，小彼特竟然把它给拆了。

这让小彼特的父亲非常生气，他顾不得家里正有客人，就开始质问小彼特。后来，他不仅仅是训骂，更对小彼特拳打脚踢，场面十分惨烈。

我实在无法容忍，上去制止小彼特的父亲的行为，并对他说："不要这样对待你的孩子了，你怎么可以打他？"我的眼神中充满了愤怒。

但是，小彼特的父亲仍然很生气，他对我说："我真的非常生气，他把我爸爸留给我的唯一东西，弄成了这个样子。"

我说道："我们都看见了，表是被小彼特弄坏了。但是，你认为孩子重要，还是你的那块表重要呢？你这样做，就是将你的孩子永远地抛离出去。"

小彼特十分难过，他对父亲说："爸爸，我并不愿意将表弄坏，我看见它不走了，所以，就想看看怎么了，我只是想帮爸爸修理好手表。"

我接着对小彼特的父亲说道："无论小彼特是因为什么拆开了这个表，你都不应该打他，你知道这对孩子的心理会造成多么大的伤害吗？"

小彼特的父亲愣住了，他不明白我的意思。

我接着对他说道："作为一个孩子，他正在成长，他会有很多出乎意料的想法，我们应该支持孩子的想法，让他们可以自由发挥自己的想象。你这样是在扼杀孩子的能力。"

彼特的父亲呆在那里，不知道自己应该怎么办了。

对于小彼特来说，那是一个漫长的夜晚。他非常难过，坐在那里哭了很久。

我走到小彼特的身边，对他说："别难过了，孩子，你应该振作。"

小彼特对我说道："舅舅，我很难过，我真的非常讨厌爸爸，我

真的不知道应该怎么面对他。”

第二天，让所有人感到意外的是，小彼特不见了。我们找遍了所有的地方，都没有看见小彼特。直到最后，我们在一个马戏团里找到了他。

小彼特在马戏团里生活得非常愉快，他不喜欢家里，也不愿意回家了。因为，家没有给他幸福，而是让他觉得非常压抑和难过。这让所有人都十分惊讶。

小彼特的母亲求他回去，小彼特也没有答应。由于伤心难过，小彼特的母亲昏了过去，因为担心母亲的安危，小彼特才答应跟父亲回家。

从那以后，小彼特的父亲改变了和小彼特的交流方式，开始让他自由选择自己喜欢做的事情，他们之间的距离也逐渐拉近了。

孩子容易犯错，并经常犯同样的错误，父母的批评指责是必要的。但态度一定要诚恳，倘若大声训斥，甚至拳打脚踢，结果收效甚微或适得其反，使孩子变得更加不听话。

父母要想使孩子自然成长，就要给孩子创造一个民主、平等的家庭氛围。平等才能不压抑孩子的天性，让他们自然、健康地成长；平等才能够让孩子体会被爱，让他们学会自尊、自重。

孩子是察觉父母情绪的高手，父母的喜怒变化，他们都能敏锐、迅速地觉察到。父母若用不平等、高高在上、统治者的心态来对待孩子，孩子也会在第一时间内察觉到自己的角色和地位。他们会感到屈辱但又无力反抗，这只能伤害孩子的自尊心，压抑他们的天性。

父母原本是孩子心目中的“英雄”，却不能平等、尊重地对待孩子，更容易让孩子陷入自卑、自弃的状态。孩子会加倍觉得自己是弱小的、无能的、不能够反抗的，这些心理会不利于孩子形成健全的人格。

孩子在平等、民主的家庭氛围中成长，会更自信、有魄力、勇敢，能够有主见地决定自己的问题，不依赖于人，也不轻易屈服于人。这就是健全的人格，它让孩子在社会中站稳脚跟、不走弯路、更快地走向成功。

» 父母做错了，也要向孩子道歉

父母在教育孩子的过程中，难免会对孩子有一些误解、错怪或者不当的言行，而此时父母如果顾及自己的面子，认为向孩子道歉就会在孩子面前失去威信，明知道是自己的错误也不向孩子说对不起，就会使遭到误解的孩子感到委屈与不平衡，自尊心受到伤害。

许多父母在教育孩子的时候，都会要求孩子做错了事情要勇于承担，敢于认错，不找借口，及时道歉等，而自己犯了错误却不去实践这些原则，让孩子看到父母的言行不一致。

这不仅使孩子不会心服，还会去学父母知错不改的行为，使父母在孩子心目中的形象大打折扣。孩子不再理会知错却不道歉的父母，导致父母与孩子之间出现沟通障碍。

孩子虽然是父母所生，但也同样是独立的个体，有思想，有尊严。父母应该平等地对待孩子，这就意味着相互尊重和信任，没有谁更有优势。在孩子不能独立生活、长大成人之前，父母担负着教育孩子的重任，更加要注意自己的一言一行对孩子的影响。

小塞德兹已经通过了大学的入学考试，可以进入大学学习了，但是，因为他的年龄太小，没有大学愿意录取他。

我没有办法，只能让小塞德兹继续留在家里学习，直到小塞德兹到了大学的最低年龄限制的时候，又去参加了哈佛大学的入学考试，并最终进入了哈佛大学。

在家里学习的这段时间，小塞德兹没有办法去学校，他也没有什么朋友，只能整天与我和莎拉在一起。令我高兴的是，在这段时间里，小塞德兹了解了很多为人处世方面的道理。

但是，我在教育小塞德兹的过程中，却出现了失误。直到今天，我依然没有办法忘记那件事情。

我还清晰地记得，那一天，我经过厨房时，看到小塞德兹把莱依小姐用来盛豆子的盆子打翻了，我很生气地对小塞德兹说："威廉，你怎么可以把盆子弄翻？"

这时，莱依小姐看见了，对我说道："先生，您误会了，这和威廉没有关系。"

"莱依小姐，你不用解释，我知道的，因为我亲眼看见的。"我丝毫听不进莱依小姐的话。

小塞德兹十分害怕，他没有说话，也不敢说话。

莱依小姐继续说道："先生，这真的不关威廉的事情，他是个好孩子，他只是在帮我的忙。"

可是，我继续说道："你不用再说了，这件事错在威廉，他一直这么粗心大意，这么笨，所以才会这样的。"

小塞德兹心里非常委屈，他难受极了，哭着跑回了自己的房间。

"先生，你真的很过分。"莱依小姐很生气地对我说道。

这个时候，我开始怀疑自己是不是弄错了。一想到小塞德兹刚才的表情，我就难过得不得了。到了晚饭时间，我看着小塞德兹，很想开口和他说话。但是，由于自尊心作祟，我最终没有开口。

我看着小塞德兹，显然，他非常难过。他呆呆地坐着，没有了以前的活泼。

突然，小塞德兹对我说道："爸爸，对不起，我为白天的事情向你道歉。"

大家都听见了小塞德兹的道歉，但是，他们认为这是我的错，不应该由小塞德兹道歉。因为他一直非常懂事，今天也同样如此。

事实上，我虽然批评了小塞德兹，但我知道，我也应该批评一下自己。但是，对于小塞德兹的道歉，我没有说一句话，也没有什么行动，大家都相当不解。

我感到很纠结，但仍然装作很平静。

可是，后来我发现，很长一段时间，小塞德兹都不愿意进厨房，也不愿意再给莱依小姐帮忙了。他每天都十分失落，不知道自己应该怎么做，他只是不停地望着远处，不知道在想什么。

我看到小塞德兹这个样子，关切地问他："威廉，你怎么了？为什么不进厨房了？你不愿意再帮莱依小姐了吗？"

小塞德兹没有说话，只是看了我一眼，又把头转了过去，他心里很难受。同时，又很不服气地对我说："我很笨，根本帮不了莱依小姐，反而给莱依小姐添麻烦，所以，我不想过去。"

"威廉，你是不是还在因为之前爸爸说你而生气啊？"

"我怎么会生爸爸的气呢，只是认为自己很笨，所以不想给莱依小姐添乱。"小塞德兹对我说道。

"但是，威廉，我要给你说一件事情，我要跟你说对不起。"我对小塞德兹说道。

小塞德兹非常惊讶，从椅子上站了起来，看着我说道："爸爸，你说什么？你向我说对不起，这是真的吗？简直是不可思议啊！为什么啊？你骂得没有错啊，我的确弄翻了那个盆子啊！"

"我并不是说你打翻盆子的那个行为，我只是说我对你的批评是不对的。你是聪明的，你并不笨，我那天那么说你，我自己都认为很过分。"我对小塞德兹说道。

小塞德兹十分高兴，一直重复问我，他是否真的很聪明。

我对小塞德兹说："那是当然的，孩子，你这么小就会画画、弹吉他，用这么短的时间就上完了小学和中学，你当然很聪明。"

"但是，孩子，你仍然有一些自己的不足之处，需要进行改进。那就是你太不自信了，你不应该随意地就被别人的话所影响，然后开

始怀疑自己，这样是不好的。”

小塞德兹不知道我想要说什么，眼神里充满疑问。

我继续对小塞德兹说道：“威廉，我们每天都会遇到很多的人，每一个人对我们的看法都是不一样的。今天可能有人夸我们，明天可能有人骂我们，难道我们就要一直消沉下去吗？”

小塞德兹问我：“那……爸爸，我到底应该怎么办呀？”

“你应该相信自己，不要轻易受到别人的影响，这样你才可能面对你人生中的任何挑战。只有变得自信起来，才不会那么轻易地受到别人的影响，才会做真正的自己。”

“如果你不自信，别人的一句话可能就使你非常难过，甚至使你一直都陷入迷茫之中，这是你喜欢的吗？”我对小塞德兹说道。

小塞德兹对我说：“爸爸，我知道了，我懂了。我应该变得自信起来，不应该轻易相信别人的话，我要做我自己。”

经过这件事情，我不愿意轻易地说出任何话，更加注意对孩子的说话方式了。

父母也会在孩子面前犯错，能够勇于承认错误，才会得到孩子的尊重和信任。如果父母想教育孩子勇于认错，那么自己首先应以身作则。

许多父母往往会因为要保存自己的颜面，不愿意承认自己的错误。他们宁愿加倍补偿孩子，也不愿意向孩子认错。还有的父母甚至坚信：“我是父母，我的事情错了也不能说错。”父母死要面子不认错，导致孩子也认定，诚实认错并非大事。

事实上，**父母和孩子之间是平等的，如果父母错了选择认错，孩子会更愿意听他的话**。同时，父母道歉，其实也是对孩子尊重和爱的体现。无论是父母还是孩子，只要一方犯错了，都要主动诚实地认错。

第八章 帮助孩子顺利走向社会

» 让孩子学会接受现实

正如我们之前所讲的那样，习惯不是马上就可以打破的，这需要我们每一个人的努力。同时，也不是每一个人都可以接受自己打破所在社会的规则的。

我们一直鼓励孩子的个性发展以及思维创新意识，以及自我调控和自我认知的能力。我们认为这才是真正有助于孩子发展的能力。

当发现自己的孩子有这样的能力的时候，请不要制止他们，让他们自由地发展，给予他们空间和时间，不要进行干预，相信孩子的能力。只有这样，孩子才能够真正地成长为我们社会需要的人才。

但是，对于孩子的错误，我们应该小心地进行批评。因为，孩子是十分弱小的，他的心灵也还不是特别健全。他需要我们的呵护，所以，请温柔地指出他们的不足。

同时，对于命令式的语言，请谨慎地对待，不要轻易对孩子使用。这样的教育，就是在孩子心目中培养起了一种威严。长此下去，也会使他们的思维变得僵固，失去自己的判断力，并最终没有了自己的思维意识，使他们的思想又回到原始的状态，变得只会顺应和服从。

当孩子 5 岁的时候，他们的问题变化逐渐增多。这个时候是孩子探索世界的时候，他们会有很多的奇思妙想，请不要阻止他们，让他们尽情地去发挥自己的想象。

当看到他们的这种表现时，我们应该给予孩子鼓励和帮助。同时，帮助孩子开发自身的潜能，培养孩子的正确认知，让孩子能够最大限度地发挥自己的潜能，实现自我完善。

我们不应该一味地让孩子服从，或者抑制孩子的某些能力，这样不利于孩子的发展。我们应该帮助孩子开发自己的能力，无论是什么方面的能力，只要是孩子的兴趣所在，我们就应该给予帮助和支持。无论是孩子哪方面的兴趣和爱好，他们对什么进行追问，我们都应该配合孩子。

如果，家长仅仅只是要求分数上的进步或者提升，并以此作为判断孩子好坏的标准，这真不是明智之举。

孩子不应该受到这种方式的对待，他们需要关心和理解，我们不应该以一个方面的不足而扼杀孩子其他方面的才能。我们不能抑制孩子的思维，要知道我们没有任何权利去决定一个人的自由。

对孩子进行教育，无论是平庸的孩子还是有天分的孩子，最重要的就是让孩子学到知识以及形成正确的认知。

我们不用害怕社会的真实面目会给孩子带来心理上的阴影，孩子有能力面对和接受这一切，并且建立自己对这些邪恶理念的免疫能力。

无论是虚伪或者丑陋，孩子都不会因为自己年幼而变得害怕，我们无须为孩子编织各种谎言，这一切只会适得其反。孩子接受这些思想的过程，也就是他们自己认知的形成过程，在这个过程中，他们会用自己的力量学会如何适应这个社会。

如果一个人满足于他现在的状态，即使他拥有再高的才能也无济于事，他只可能依附于宗教，不会对社会有任何不满和看法。

这样的孩子不会从社会的变化和发展得到灵感，更不会对此进行创新和研发。他们更多的是满足感，不会有自己的任何看法，也不会为了人类的发展而努力。我可以说他们基本已经降到另一个级别了。

所谓的教育，并不是我们认为的培养孩子对社会的美好感觉，我们不需要给他们编织谎言。教育的真正目的其实是让每一个孩子都能对世界有一个正确的认知，能够真正地认知现在这个社会，不再被社会所欺瞒。

自由教育应该是我们现代社会极力倡导的，因为自由可以让我们不被蒙蔽，可以让我们真正认知社会，可以让我们做回真正的自我。这也是我们社会的未来发展所需要的，只有这样的教育模式才能教育出真正的有用之才。

同时，家长也应该明白孩子教育的真谛，孩子的教育并不是谎言和欺瞒。他们不需要这些，也不需要我们为他们这么做，他们有能力接受现实的一切，这是我们应该让他们知道的。

对待孩子，我们不应害怕他们无法接受这个世界，孩子在幼年的时候是有着极强的适应性的。所以，我们要做的就是让他们真正看清世界的面貌，并让他们学会如何面对这个世界。

只有这样，孩子在长大后，才知道如何面对这个世界，让自己可以接受这一切，并且适应它们。

所以，这才是孩子们应该接受的教育。

» 让孩子不要太轻信别人

小塞德兹已经在家学习了很长的时间，也到了该进入学校学习的时候了。这是他在家的最后一段时间，在这段时间里，小塞德兹懂得了很多东西，并且也学会了很多事情。

这段时间，小塞德兹除了在家自学，就是找格兰特尔，他很喜欢和格兰特尔在一起。

有一天，他们的朋友莱恩斯过生日，小塞德兹和格兰特尔一起高高兴兴地去参加了生日聚会。

让所有人意外的是，小塞德兹和格兰特尔竟然非常悲伤地回到了

家中，我看着他们，问道："发生了什么事情？"但是，他们似乎还没有从悲伤中走出来，没有回答我的问题。

莎拉抓住小塞德兹，急切地问道："威廉，你们怎么了？快告诉妈妈，到底发生了什么事？你们怎么成这个样子了？"

小塞德兹告诉莎拉："妈妈，我们在聚会上非常开心，但是，在我们回来的时候，遇到了不开心的事情，我们现在仍然非常难受。"

我问道："威廉，你们遇到了什么事情？可以给我说说吗？是什么事情呢？"我看着小塞德兹，感觉他不像是在恶作剧。

小塞德兹仍然一脸不高兴地告诉我："刚才有一个人，告诉我们，世界马上就要灭亡了。"

"什么？你们听谁说的？我怎么不知道？"我说道。

看到小塞德兹他们的表情这么悲伤，我感到很不安。

格兰特尔对我说道："先生，这是一个很神奇的人告诉我们的，他非常厉害。"

小塞德兹也说道："是的，爸爸，这是真的。"

莎拉听了他们的讲述，忍不住笑了，因为，她知道小塞德兹被骗了。

格兰特尔说道："夫人，他真的很有本事，我们没有被骗。"

小塞德兹也说："是的，妈妈，他很厉害的。"

我问小塞德兹："告诉爸爸，你们在哪里遇见那个人的？"

小塞德兹对我说道："我们在路上遇到的那个人，他十分厉害，可以预知未来。"

我知道这件事情已经对小塞德兹造成了极其恶劣的影响，我让小塞德兹详细地讲述了事情的经过。

小塞德兹和格兰特尔去参加朋友的聚会，他们十分开心。因为在聚会上，他们吃到了很多美味的食物，而且还见到了很多朋友。

在回来的路上，小塞德兹和格兰特尔一直在谈论宴会上的事情，不时发出笑声。他们还在想象着自己的生日怎么过，他们都希望可以办一场这样的生日宴会，并且不停地说着各自的生日计划，相当开心。

但是，就在这个时候，一个讽刺的声音传了过来。小塞德兹和格兰特尔看见一个人，他的衣服十分怪异，给人一种恐怖的感觉。但是，那个人一直看着小塞德兹和格兰特尔，这让他们都非常恐慌，他们觉得这个人非常奇怪，也想知道他笑什么。

小塞德兹和格兰特尔嘀咕着："这个人有点奇怪，为什么发出这么奇怪的笑声啊？"

这时，那个人说话了，他对小塞德兹和格兰特尔说："我就是在笑你们两个人，你们真的非常天真、可笑，世界马上就要灭亡了，你们还在计划来年的生日，你们当然可笑，我当然应该笑你们的行为。"他的这些话非常有威力，让小塞德兹和格兰特尔瞬间失去了笑容。

小塞德兹继续问道："世界怎么会灭亡？我不信，怎么可能？"

那个人继续说道："我没有骗你，世界马上就会消失，所有的人都不会存活，你们又怎么可能会过什么生日呢？所以，我笑你们的无知和荒谬，你们真是俗人。"

这时，小塞德兹说道："我们不理你，你说得不对，我们不想理你。"

那个人没有说话，而是拿出了一根蜡烛，这根蜡烛没有点燃，但是，他只是轻轻地吹了一口气，那根蜡烛就燃烧了。这让小塞德兹和格兰特尔十分惊讶。

他们对那个人说道："你怎么做到的？"显然，两个孩子已经被这个法术给惊呆了。

"现在，你们相信我了吧？我不是凡人。"那个人炫耀说。

"你真是太厉害了，你会魔法。"格兰特尔说道。

"对啊，我是伟大的巫师，我可以了解甚至预知很多事情，你们现在相信了吗？"那个人说道。

小塞德兹和格兰特尔开始相信那个人的话，并且不再有任何的怀疑，他们开始静静地聆听那个人的话语。那个人告诉了他们很多关于

地球即将消失的言论，并告诉他们要赶快行动起来，做好准备。

格兰特尔和小塞德兹一下子觉得自己活得没有丝毫意义了，他们开始难过，不知道自己的未来还有什么意义。

我听后非常生气，希望马上找到那个人，我要看看他到底有什么好说的。我们马上走出家门，但是，并没有发现那个人，只好返回家中。

但是，我知道这已经对小塞德兹产生了极坏的影响，于是，我让小塞德兹和格兰特尔安静地坐着，将这个事情再仔细地想一下。

我对他们说道："孩子们，不要难过，这个人不是好人，他欺骗了你们。"

"但是，爸爸，我们真的亲眼看见了，他很厉害的，可以很轻而易举地就将蜡烛吹亮，十分了不起。"

我对他们说："以前，你们不是也看过这些吗？你们忘记了吗？魔术啊，按照你们的说法，魔术师全部都是巫师了？"

小塞德兹似乎明白了什么，他想了想，说道："爸爸，你说得对，魔术师也会这样的戏法。"

然后，我又给他们讲解了很多知识，有的是关于这个宇宙的，还有的是关于魔术的。在我的讲解下，两个孩子终于明白了，原来那个人是个骗子，脸上又恢复了笑容。

他们知道自己错了，不该相信那个人，他们开始埋怨自己，觉得自己真是无知。但是，随后很快，他们又高兴起来，他们开始想象着他们的生日聚会。我和莎拉看到他们这个样子，也放心了。

有一段时间，我需要到外地一个星期，因为距离比较远，晚上不能回家。

平常，我很少离开小塞德兹这么长时间，所以这次走，小塞德兹特别伤心，拉着我的手送出去好远。

终于，一个星期的时间到了，我终于可以回家了。当我坐着马车到了家门口的时候，发现小塞德兹早已经站在那里迎候。

见我下了马车，小塞德兹快步跑上前，往我身上扑过来。见此机会，我没有像往常那样迎上前抱起小塞德兹，而是在他快到面前时，迅速地往旁边一闪，小塞德兹不可避免地扑在了地上，重重地摔了一跤。

莎拉上前扶起小塞德兹，生气地质问我："小塞德兹天天盼着你回家，一有马车经过，就跑出来看是不是你回来了。天天想你盼你，你就送给他这个'礼物'？"

我笑了一下说："是啊，这确实是一个不错的'礼物'。"此时的小塞德兹不明白，一向可亲可爱的我，怎么突然间这样对他？他十分委屈，低着头独自往屋里走。

看到小塞德兹这样，我急忙追上去，拉着小塞德兹的胳膊说："威廉，别生气，爸爸刚才给你开了一个玩笑，是想让你明白一个道理。"

"开玩笑？还有道理？"小塞德兹一甩手，瞪着眼看着我问。

"威廉，我是想让你明白，在人生中，许多看似对你很好的人，并不见得真的可信，包括你的父亲。"

小塞德兹听我这样说，有些疑惑地看着我，那个神情，就好像在猜测我哪里出了问题。

我忍住笑，进一步解释说："当然，爸爸是你一生中最可信赖的人，今天我之所以这样做，是想给你留下深刻的印象，避免你以后轻信别人。"

接着，我又说起小塞德兹上次被别人骗，认为世界要灭亡的事情，并提醒他记住上次和这次的教训。

直到此时，小塞德兹才明白了刚才我让他跌一跤的良苦用心，他不再生气了，再次扑倒在我怀里。这一次，我把小塞德兹紧紧地搂在了怀中。

小塞德兹终于了解到，生活中，有许多骗子，在最初与人交往的时候，都会表现出诚信、善良的模样，在赢得别人的信任之后，才开

始实施诈骗，往往是一举成功，这都是轻信别人造成的结果。

我正是为了避免小塞德兹将来会上当受骗，所以才在他小时候，就让他多了解这个世界上阴暗的一面，引导他多留一个心眼，不能太轻信别人，以免受到不必要的损失。

» 帮助孩子学会分辨是非对错

通过被骗事件以后，小塞德兹和格兰特尔变得聪明起来，他们不再轻易相信别人的话。但是，他们特别喜欢在街道上玩耍。在那里，他们可以看到很多小伙伴，还有从来没有见过的表演和演出。

有一天，小塞德兹和格兰特尔写完作业以后，又一起出去玩了。他们在街上逛着，看着周围的漂亮物品，十分开心，他们看了很长时间，都忘记了自己应该回家了。

可是，就在这个时候，有几个孩子出现在他们面前，挡住了他们的去路，他们不知道应该怎么办。

这时候，另一个孩子对着格兰特尔说道："你对我的弟弟做了什么？"

格兰特尔十分惊奇，因为他根本就不知道发生了什么事情："你弟弟？我不认识你弟弟啊？你是不是找错人了？"

突然，一个年龄稍小一些的孩子说话了："你这个人，刚才就是你撞倒我了，你怎么还不认账？"

小塞德兹试着回忆之前的情景，突然，发现自己刚才和格兰特尔跑的时候，好像是碰到了一个孩子，可是，那仅仅是很轻微的身体接触，他没有想到这样也会引来莫名其妙的麻烦，真是让他无法想象。

但是，事情已经变成了这样，就只能道歉了。于是，小塞德兹对那个孩子说："我想起来了，刚才我们真的碰到了你，这是我们的不对，非常抱歉，请原谅我们的行为。"

但是，这些小孩似乎并不想这么简单就把事情解决了，他们说道：

“光道歉还不行，我们的兄弟受伤了，你们必须赔钱，否则我们决不罢休。”

小塞德兹说道：“我们只是轻微的身体接触，根本没有对他造成任何损失，我们不会赔一分钱的。”

但是，那帮孩子似乎并不罢休，仍然纠缠道：“如果你们不赔我这个兄弟，你们今天就休想离开这里。”

格兰特尔这时候已经吓坏了，他把手伸向自己的口袋，准备拿钱给他们，但是，小塞德兹坚决不愿意。

小塞德兹对那个孩子说：“我们不会给钱的，你死心吧。”

小塞德兹的这句话，让那个大一点的孩子非常生气，他开始和小塞德兹打了起来。很快地，格兰特尔也加入了“战争”，他们这时候已经扭成了一团。

那个孩子拿着长棍子准备打小塞德兹的时候，被小塞德兹用瓶子狠狠地砸向了头部，他疼痛地叫了起来。小塞德兹拉上格兰特尔马上朝家的方向跑去了，他们终于摆脱了那帮孩子。

他们一路狂奔回到了家，小塞德兹将这件事原原本本地告诉了我。

我对小塞德兹说道:“威廉,你的行为非常勇敢,爸爸为你感到骄傲。但是，我们必须明白，以后不可以用这些东西了，因为这对人的伤害太大，我们不应该轻易用这些东西。”

小塞德兹对我说道：“爸爸，我知道，但是，当时我真的没有其他选择，我必须这么做。但是，现在我已经感觉到了难受，我不应该那么做。”

我对小塞德兹说道：“威廉，你不用过分地责备自己，这些都是我们无法预料的。而且，是那个孩子先惹你们的，你们也不愿意找事，这一切都是我们无法预料的。”

但是，小塞德兹似乎无法从悲哀的状态中恢复正常，他还是十分难过。

我对他说道："威廉，我们不应该这样，这是没有任何作用的，我们现在需要的是承担，既然这个事情已经没有任何办法挽回了，我们就要让自己正视这件事情。"

这件事情对孩子产生了极大的影响，小塞德兹明白了，对于任何事情，我们都应该拿出自己的勇气来承担，不是逃避，也不是后悔，这些都没有任何作用和效果。

经过那件事情以后，我一直对小塞德兹说，不要再和别人打架了，这样不好，也不利于他的成长。我一直告诫小塞德兹，希望他不要走入错误的方向。

可是，生活永远喜欢跟我们开玩笑。因为，没过多长时间，小塞德兹又打架了，而且还是和上一次的那几个孩子，这是多么巧合的事情。

不同的是，这一次那几个孩子并没有找小塞德兹事，而是小塞德兹主动要和人家过不去，真是让人觉得这个世界实在很神奇。

因为，周末我们一家和格兰特尔一家要去郊外游玩，所以，小塞德兹和格兰特尔就来街上买一些用品和工具。

他们非常开心，一路上有说有笑，讨论着周末的事情。但是，这个时候，小格兰特尔愣住了，他看到了让他十分害怕的几个人。

小塞德兹问格兰特尔："发生什么事情了？"

格兰特尔并没有回答小塞德兹的问题，而是目不转睛地看着远方，这时，小塞德兹顺着格兰特尔的目光看过去，发现那里有几个人，正是上一次和他们打架的那几个人。

格兰特尔希望远离他们，不要从那里走。但是，小塞德兹并不害怕，他也不希望避开他们，因为，那样的话，他们要花很长的时间。

就这样，他们还是按照原来的路线前进，格兰特尔跟在小塞德兹的后面。他们一步一步地靠近那些孩子，格兰特尔十分害怕，但是，小塞德兹却不害怕，一直瞪着那些孩子。

神奇的是，那几个孩子并没有为难小塞德兹和格兰特尔，相反，还冲着他们露出了笑容，格兰特尔简直惊呆了。

小塞德兹也认为不可思议，他想看看他们究竟在干什么。

小塞德兹看见了，原来，那几个孩子又在办坏事，他们在讹诈另外两个孩子。

他们听见那些孩子对那两个孩子说的话，也是要求那两个孩子赔偿，要不然就要打那两个孩子，小塞德兹实在看不下去了，想上前制止他们。

那两个孩子已经吓傻了，他们不知道该怎么办，想给钱把这件事情解决了。就在这个时候，小塞德兹冲了上去，并且对他们的行为进行阻挠。

小塞德兹说道："不要怕他们，他们就是欺软怕硬。"小塞德兹的出现让所有的人都非常的诧异。

但是，那些孩子并没有因此而退缩，其中一个孩子对小塞德兹说："你真的想找事啊，不想过好日子了是吗？"

小塞德兹则说道："你觉得我会怕吗？我一定能打败你。"

那个孩子听了，心里不禁有些害怕，但是，他不能因为害怕而让自己失去面子。于是，他还是与小塞德兹打了起来。

就这样，七个孩子打在了一起，可是，周围没有一个人上前阻止，最后，警察将他们都带进了警察局，这才将他们分开。

我接到了警察局的电话，他们让我到警察局接孩子。我马上去了警察局，令我惊讶的是，一到警察局，所有的人都向我表示祝贺，还给了我一个徽章。原来小塞德兹为了正义挺身而出，救了那两个孩子。

我看见了小塞德兹，他浑身都是鲜血，但是，他很开心。虽然我看见小塞德兹受伤了非常心疼，但是，我的心里为他感到骄傲和自豪。

小塞德兹对我说："爸爸，我又打架了。"

这次，我没有批评他，而是激动地看着他说："好样的，孩子。"

由于我十分注重培养孩子的是非对错观念，所以我一直告诉小塞德兹，世界并不是美好的，有很多我们不喜欢的坏人以及坏的事情，我们需要正确地分析每一件事情的好坏对错。

» 让孩子学会识别坏人的伪装

有一次，小塞德兹和格兰特尔在没有经过大人同意的情况下，私自去了野外。这件事情，我想起来都有些后怕，我甚至不敢去回忆。我真的很生气，尽管他们最后脱离了危险。

那天，小塞德兹和格兰特尔来到了郊外，小塞德兹看着美丽的风景，一直不停地发出感慨："这里真是太漂亮了。"

格兰特尔接着小塞德兹说道："你说的真对，这里很漂亮。我想起了爸爸说的，世界真的非常漂亮，所以，我们不应该悲观，我们应该开心地过每一天的生活。"

可是，小塞德兹却不这么认为，他说："格兰特尔，现在的风景是很好，但是，在美丽的背后有很多危险，我们应该时刻保持警惕，才能让自己不受到那些不好的事情的伤害。"

"这是你爸爸告诉你的吗，有那么恐怖吗？"格兰特尔有些不相信。

小塞德兹继续说道："世界不是童话王国，这里面一直有很多很不好的事情，所以我们应该警惕起来。"

格兰特尔对这些话十分感兴趣，继续追问道："你可以再给我说说你父亲的话吗？"

"当然，我爸爸告诉我，无论是什么事情，我们都应该认真地分析，这样我们就不会轻易地上当了。"

可是，格兰特尔还是不理解，继续说道："我用美好的心态看待世界，帮助别人，为什么我会受伤呢？我这样对待别人，别人也应该这样对待我啊！"

就在两个孩子说得正高兴的时候，突然一个声音出现了，他对两个孩子说道："孩子们，我可以跟你们说话吗？"

小塞德兹和格兰特尔吃了一惊，他们看着眼前的这个男人，不知道他是谁。还没有等他们反应过来，这个男人又说话了。

“怎么？难道你们不欢迎我吗？我只是想和你们说会话而已。”这个男人看着两个孩子，继续说道。

小塞德兹和格兰特尔看了他半天，他的衣着很整齐，有一头漂亮的头发，眼睛里也带着笑意，看上去很和善。于是，格兰特尔认为他是一个好人。

但是，由于小塞德兹对陌生人已经有了警惕之心，所以，他并没有因为这个男人的外表就认定他是一个好人，相反，他时刻防备着这个人。

此时，格兰特尔对这个男人说道：“先生，不好意思，刚才失礼了，我们两个人在说对世界应该以什么态度，是应该积极地看待，还是多层次看待。我们的观点不一样。”

那个男人笑了，他告诉格兰特尔：“你的想法是对的，我们应该以积极的态度看待和对待这个美好的世界。”

然后，他又转向小塞德兹，看着他说道：“孩子，你为什么那么悲观啊？你应该想一下，这个世界是非常美好的。这里的景色真是漂亮啊，不过，我还知道另外一个地方，那里的景色更加漂亮，你们愿意和我一起去看看吗？”

格兰特尔听了，眼睛一亮，表现得非常兴奋。他说：“我很想去你说的那个地方去看看，那里一定风景如画，请带我一起去吧。”

这个时候，小塞德兹终于说话了：“对不起，先生，我们已经出来很长时间了，如果再不回家，父母一定要着急了。我们哪里都不去，现在就要回家。”说完，小塞德兹拉着格兰特尔的手，就要往家的方向走。

但是，格兰特尔却挣开了小塞德兹的手，不满地说：“威廉，我还不想回家呢。我想去他说的那个地方看看。”

小塞德兹对格兰特尔说道：“不行，格兰特尔，我们不能和那个男人去看风景，我们现在必须立刻回家，难道你想让你的父母着急吗？”

格兰特尔听了，有些犹豫，可是，他仍然不愿意立刻回家。

那个男人知道小塞德兹不可能和他一起去了，便继续引诱格兰特尔说："那里真的非常美，看过以后你绝对不会后悔的。我敢保证，你这一辈子都不可能见过那么漂亮的风景。"

但是，小塞德兹丝毫不动心，他无法相信眼前这个人的话。出于警惕，他在格兰特尔甩开他的手之后，又重新拉住了他的手，希望他可以跟自己回家。

那个男人生气了，他一下把小塞德兹推到一边，抱起格兰特尔就走。小塞德兹看到这个男人露出了真面目，立刻对着那个男人吼道："坏人，快把我朋友放下。"边说着，边不停地抓打着那个男人的腿。

那个男人很不耐烦，再一次把小塞德兹推到一边，想要抱着格兰特尔逃跑。就在这个时候，小塞德兹看见不远处有人走来，就大声喊道："救命，坏蛋要抓我朋友。"

那个男人吃了一惊，看见有人往自己这边跑，知道自己不可能得逞了，他便把格兰特尔放下，瞬间溜得不见了踪影。

格兰特尔吓坏了，小塞德兹和他在一个好心人的帮助下，回到了我们身边。

孩子看什么事情，往往只看表面就下判断，经常被误导，小塞德兹小时候也经常犯这样的错误。每当这时，我和莎拉都会用心地引导他。

有一天，我早早办完事情，想到许久没有带小塞德兹出去玩了，又看天气晴好，我和莎拉决定带着小塞德兹去野外野炊。

为了更加热闹和有趣，我还邀请了朋友克里门莱一家同行。

我们一行七八个人来到野外，那里已经聚集了许多人，有的已经开始生火做饭。于是，我们急忙一起动手，很快就搭起了一个简易的餐厅，准备烧饭做菜。

这次野炊，我们准备得很丰盛，其中还有小塞德兹最喜欢吃的牛排烧土豆，所以他十分开心，坐在菜锅边，看着我们做饭。

这时候，一个胖乎乎的中年男人走了过来，热情地和每个人打着招呼。他名叫斯密泰费，在他们这一带恶名远扬，谁也不愿意与他过多接触。

小塞德兹不知道斯密泰费的劣迹，又看他乐呵呵的模样，觉得他人挺好，见他走进餐厅，礼貌地站起身，给他让座。

斯密泰费笑着说了声“谢谢”，刚想往下坐，克里门莱却突然朝他大声喝：“滚开，讨厌鬼，别待在这里。”

斯密泰费听了并没有生气，还是刚才那副乐呵呵的模样，笑着说：“我没有别的意思，只是想进来坐一会儿，没有必要那么凶吧？”接着，向另外一群人走去。

到此时，这个小风波算过去了，可是，小塞德兹却开始闷闷不乐。

我知道，小塞德兹是觉得克里门莱不应该那样粗鲁地对待客人。但是，他哪里知道，斯密泰费是个不值得别人尊敬的人。

于是，我对小塞德兹说：“斯密泰费不是个好人，自己游手好闲不说，还经常混吃混喝，而且借了钱不还。”

小塞德兹听了，看了看我，疑惑地说：“但是，我看他不像是那种人啊，最起码比某些人看着要好一些。”说此话的时候，眼睛看着克里门莱。

克里门莱听出了小塞德兹是在暗指自己，就解释说：“小塞德兹，你年纪还小，有些事情看不清楚，我虽然表面凶，但是个好人。”小塞德兹听了，没有理克里门莱，很明显，他的气还没有全消。

我进一步开导他说：“威廉，这个世界的样子，有时候和你看到的并不完全一样。有的人外表和善，但却不是好人；有些人外表看着很凶，有可能却是个善良的人。你要细心观察，从他以往的行为中进行辨别、判断，不能被一时的表象蒙蔽了。”

小塞德兹点了点头，默默地吃着土豆牛排，想着心事。

过了一会儿，小塞德兹突然大声说：“今天本来是个开心的日子，可惜碰到了一个坏人，他就是阳光下的阴影，不能对他同情。”

听了小塞德兹这话，我们都笑了。尤其是克里门莱，显得比任何人都开心。

教孩子学会分辨别人，是一件比较困难的事情，因为越是坏人，越是会伪装自己。

有一次，我带着小塞德兹到集市上去购买物品，事情办完时，刚要回家，小塞德兹被熙熙攘攘的人群中的几个穿着光鲜的人吸引住了。

他对我说："爸爸，你看，那几个绅士。"

我顺着小塞德兹手指的方向看去，发现有几个年轻人，穿着华丽的服装，戴着礼帽，确实显得够绅士。

但是，小塞德兹不知道，这几个年轻人，都是游手好闲之人，他们虽然打扮得很体面，其实是为了掩饰自己，蒙蔽别人。

为了让小塞德兹能清楚地认识到他们的真面目，我小声对他说："这几个人，实际上是小偷，上次我看见过他们偷东西。今天我们悄悄地跟在他们后面，看看他们要做些什么。"

小塞德兹会意，随我一起远远地跟踪着这几个年轻人，走到人多之处，他们开始趁摊主不注意，拿货架上的苹果、香皂、洗衣粉等物品。

我附在小塞德兹耳边说："看见了吗？这几个人不是绅士吧？"

小塞德兹点了点头，接着困惑地问："他们是小偷，为什么还要把自己打扮成绅士呢？真是不理解。"

"他们穿着漂亮的服装，这样摊主就不会想到他们会偷东西，从而疏于防范，他们才能趁机下手，这样比较容易得逞。"我解释说。

小塞德兹再次点头，表示自己理解了。但同时，他的眉头却不由得皱了起来，觉得这个世界上丑恶的东西太多了。

其实，我知道，告诉孩子生活中这些阴暗面，比较残酷，但是，为了小塞德兹能够明辨是非，认清真相，加强防范，我觉得，有必要这样做。

因为在这个世界上的人，好坏并不是全写在脸上，表现在行为上。有些坏人，往往表面显得更加和蔼可亲，而有些好人，可能表现得并不是那么和善。

我教小塞德兹细心、全面地观察人、事，不能只凭着表面武断地下结论，使他提高辨别善恶、是非的能力，这对他以后的成长，将会大有好处。

» 让孩子学会原谅别人

当小塞德兹满三岁以后，我允许他出门玩耍了，所以他的空间不再仅仅是家了。他非常喜欢和小朋友们一起玩耍，尤其是格兰特尔，他是小塞德兹最好的朋友。

他们非常喜欢玩战争游戏，可能这个游戏让他感受到了书本上或是我从来没有讲过的知识。他非常沉迷于这个游戏，也从游戏中学到了很多知识。

有一次，小塞德兹和格兰特尔还有一些其他朋友，再次相约去玩战争游戏。这一次，小塞德兹充当领导者，他们把一个二楼的已经废弃的房间，当成是敌人的阵地。因为这里的条件非常有限，他们被迫要穿过那个非常破的窗户，才能够向二楼进攻。

战争开始了，小塞德兹一声令下，所有的人都冲向了那个窗户，并且穿越了过去。因为，这个窗户是进入敌人阵地的唯一入口，他们只有穿过这个窗户才能进去。

当他们都已经穿了过去，只剩下了格兰特尔和小塞德兹时，似乎已经看到胜利的小塞德兹对格兰特尔说："我们马上就要胜利了，我们穿过去吧。"

可是，令所有人都没有想到的是，格兰特尔却站在那里，没有任何移动的倾向。小塞德兹着急了，催促道："我们马上就胜利了，快点行动啊，你在干什么啊？"

这时，格兰特尔才说出了自己真实的想法，因为他害怕，所以，他不敢往上爬。这让所有人都愤怒了，因为他一个人的错误。可能会使所有的人都牺牲。

虽然，这仅仅是个游戏，但是，所有的孩子都把它当成了真正的战争在进行，因为他一个人的失误，让所有人的努力付诸东流，没有人愿意。

这时，所有的孩子都在讽刺他，更有人直接说："格兰特尔，你是一个胆小鬼，我们所有人都过来了，就你害怕。"

所有的人都为他的行为感到羞耻，小塞德兹也不例外。但是，格兰特尔却说："我不屑和你们做这些低能儿的游戏，因为实在太无聊了，所以，我不愿意去做。"

所有的人都非常生气，开始和格兰特尔争吵起来，他们都认为格兰特尔是胆小怕事之人，没有人对他现在的做法表示满意，他们都是一肚子怒火。

这时，作为临时指导者的小塞德兹让其他人不要说话了，他要和格兰特尔说一下，希望可以改变他的观点。

这时，在大家的注视下，小塞德兹走到了格兰特尔的身边，说："不要害怕，我在你身边，会保护你的，大胆地穿过去吧。一定要相信自己，这件事情非常容易，我不会让你有任何危险的。"

可是，格兰特尔仍然没有任何反应，也不愿意爬上去。没有办法，小塞德兹只能让步，他对格兰特尔说："这样好不好，我们帮助你上去，我在下面当你的垫背，别的小伙伴把你拉上去，怎么样？"

可是，让所有的人都非常意外的是，格兰特尔还是不同意这个提议，因为他担心这样会弄坏他的衬衫。

小塞德兹生气了，他无法理解格兰特尔，他对格兰特尔说："你害怕有危险，你也害怕弄坏你的衬衣，但我们的胜利却没有了。"他很生气，但是他仍然对格兰特尔说："你不用穿过这个窗户了，但是，你可以帮我，把我送上去吗？"

格兰特尔没有同意，他还是怕弄脏自己的衬衣。这一次真的把小塞德兹惹怒了，他朝着格兰特尔喊道："你实在是不可理喻，你真是太自私了，就因为你的衣服，你连帮帮我都不愿意。"

其他的小伙伴也愤怒了，他们都不愿意再和格兰特尔玩耍了，都十分痛恨他的样子。

这一次，小塞德兹也真的生气了，他没有想到自己的朋友竟然为了一件衬衫，而不愿意帮助他，这真的伤了小塞德兹的心。所有的孩子都穿过了那个窗户，只有格兰特尔没有，他一个人默默地离开了这里。

小塞德兹非常生气，他也没有理格兰特尔。玩完这个游戏以后，小塞德兹回家了。他将今天发生的事情告诉了我，并且还补充道："爸爸，我真的非常生气，他怎么可以这样对待我，他真的一点也没有考虑到我们，我不想和他再做朋友了。”

随后，小塞德兹接着说：“爸爸，我以前不知道你说的那句话是什么意思。但是，现在，我懂了，如果每一个人都像格兰特尔那样自私，我们国家肯定没有了希望。”

我没有发表任何言论，只是在静静地听着孩子表达自己内心的想法。当小塞德兹说完以后，我对小塞德兹说：“我不能说格兰特尔是对的，爸爸只想给你说一点，你是他的朋友，你应该尊重格兰特尔的选择，而不应该对他产生憎恨。每一个人都有自己的想法，我们没有办法控制他人的思想。所以，你不应该恨他，懂吗？”

小塞德兹没有出声，他可能有自己的想法，也可能在思考一些问题。但是，我希望他能够通过这件事情，明白一些道理，帮助孩子形成正确的认知。希望小塞德兹可以真的明白。

从那次游戏后，小塞德兹和格兰特尔的关系越来越远，尽管我已经教育过小塞德兹了，但是，似乎没有什么作用。

小塞德兹还是疏远格兰特尔，但是，他还是会向其他朋友询问关于格兰特尔的消息。这似乎是在关心格兰特尔，但是，当一些关于格兰特尔不好的消息传来的时候，他却表现出了一些喜悦之情。这真是让人难以理解。

但是，这些异常还是引起了我的注意，我认为，就算格兰特尔和小塞德兹之间的关系出现问题，我也不应该连他的身影都见不到。

我认为，格兰特尔应该是发生了什么事情，于是，我到了格兰特尔的家里，才发现原来他生病了。格兰特尔非常可怜，他现在只能躺在床上，休养身体。

于是，我快步回到家中，告诉小塞德兹，格兰特尔生病了，希望小塞德兹可以去看一下他，表示关心。

可是，让我十分诧异的是，小塞德兹不但不愿意去看望格兰特尔，还说出了让我难以置信的话。小塞德兹对我说：“我是不会去看格兰

特尔的，这是他自作自受。”

我生气了，不敢相信小塞德兹会说出这样的话来，于是我对小塞德兹说：“他是你的朋友，你怎么可以这样？”

但是，小塞德兹却理直气壮地对我说：“从他为了他的衣服不帮我开始，我们就不是朋友了。”

我冷静下来，仍然在不停地劝着孩子，希望小塞德兹可以去看望格兰特尔，但是，我失败了。小塞德兹似乎并不愿意去看格兰特尔，甚至对格兰特尔十分排斥。

我知道强迫孩子可能没有任何作用，于是，我不再强迫他去看望格兰特尔，而是换了另一种方式和他进行沟通。因为，我认为小塞德兹还是很喜欢格兰特尔的，只不过他无法放下之前的事情。他的心里还是十分关心格兰特尔的，只是觉得拉不下自己的面子。

我帮助小塞德兹回忆他生病的时候，格兰特尔是怎么关心他的。这时，小塞德兹似乎感受到了格兰特尔对自己的好。

我对小塞德兹说：“还记得你生病的时候吗？”小塞德兹回答说：“记得，他对我非常好，还给我送来好多水果。”

我对他说：“现在格兰特尔生病了，虽然你们有矛盾，但是，你是否应该去看看他呢？”小塞德兹犹豫了，说：“我是应该看看他，可是，上次他真的很过分。”我告诉他，每一个人都不是圣人，都会犯错，应该学会原谅别人。

小塞德兹有些疑惑，我继续对他说：“其实，每一个人都有自己的缺点，不是完美的，我们都有可能犯错误。不要因为一个人犯一次错误，我们就彻底否定他。懂吗？”

“可能，格兰特尔已经知道自己不对了，但因为他生病了，没有办法向你道歉。但是，如果你继续在这里抱怨他的不是，那么，这无疑就说明你的心胸是多么的小，你希望自己是这样一个人吗？”

小塞德兹真的意识到了自己的不对，他开始反思自己的行为。随后，他飞快地奔去格兰特尔的家，去看望他。到了晚上，小塞德兹才从格兰特尔的家中回来，并且很兴奋地与我分享他们见面的情况。

他跟我说："我到了格兰特尔家中，他看见我，非常开心，而且哭着跟我道歉。看到他那个样子，我觉得自己真是太小气了，我知道自己做错了。"

我安慰小塞德兹说："格兰特尔是个好孩子，你也是好孩子。他向你道歉，意识到自己的错误。同时，你也知道自己错了，并且也向他道了歉。所以，你们都是好孩子，不需要再自责。现在你们的关系恢复了正常，这不是皆大欢喜吗！"

经过这件事情，小塞德兹长大了，他知道如何去宽恕别人的过错，并且知道了人不是完美的，每一个人都有自己的过错。这些都是书本上没有的，这些知识进一步帮助了小塞德兹成长，并且让他更清晰地懂得，人与人之间应该如何相处。

在我跟他讲这些事情的时候，小塞德兹不停地点头，他已经知道了如何做一个宽宏大量之人。

我看到了小塞德兹的成长，十分欣慰。小塞德兹没有被书本所局限，他开始将这些书本上的东西运用到社会的现实之中，并且很好地将这些知识消化吸收，这是多么令人开心的事情。

孩子长到一定年纪时，独立意识越来越强，喜欢到父母管不到的地方去玩自己的游戏，并觉得这样的自由空间，让他们感到很舒服、很惬意。因此，父母要学会放养孩子，给孩子自由发展的空间。

孩子将来要独自面对社会，还要去开拓自己的世界，所以更应该敢去做突破成规的事情。而一个从小被父母照顾得非常好，管得也很严的孩子，会缺少一种开拓事业应有的冲劲和闯劲。这样的孩子会在经营事业的过程中，缺乏创造力和决断力。

父母在孩子大了的时候，一定要学会有保护地放养，让孩子能够在自然的社会环境中长大，这样孩子才能更有生存力。社会中的坏人和坏事很多，但这不是仅凭父母的保护就能够让孩子避免接触的，明智的办法是要让孩子学会去应对。

父母不能对孩子的生活过度照顾，什么事都为孩子安排得井井有条，只要安心学习就行了。这样的生活会让孩子觉得压抑，没有一点儿自由，无法让孩子发挥自己的兴趣和特长，也无法发展想象力和创造力。

紧紧管住孩子、悉心照料孩子，会让孩子失去面对社会的勇气和竞争力。父母要给孩子自己的独立空间，这样才能培养出健康能干的孩子。

» 让孩子懂得学以致用

在小塞德兹 4 岁的时候，我们一家和格兰特尔一家去野游，大家都非常开心，一路上有说有笑的。我们都认为大自然有益于孩子的身心健康，所以，让孩子在野外玩了很长时间，没有叫他们回旅馆。

但是，我们在旅馆等了很长时间，却没有看见孩子们回来，便开始担心了。格兰特尔的父母要求报警，但是，我却认为先不要报警，我认为孩子一定会找到回来的路。

但是，天色越来越晚，孩子们还是没有回来，我开始担心了，害怕孩子们会出现什么意外。于是，我们请求旅店的老板，希望他可以帮助我们找到孩子们。

没过多久，孩子们找到了，格兰特尔吓坏了，一回来就抱着妈妈大哭不止。但是，小塞德兹却像没有发生过任何事情一样，看起来还是那么有精神，那么有斗志，没有任何害怕和受惊的感觉。

经过小塞德兹的描述，我才知道，他们在玩的时候太过投入，不知不觉地走进了丛林的深处，找不到回来的路了。再加上天色不断地变暗，他们更加无法辨明方向，所以迷路了。

格兰特尔吓坏了，不知道怎么办，只会哭。小塞德兹相对冷静，他告诉格兰特尔不要哭，他可以找到回家的路。他开始仔细观察周围的环境，希望可以寻找回旅馆的方向。

小塞德兹兴致盎然地讲述着他们寻找回来的路的过程，但是，格兰特尔的爸爸却突然问道："你最后找对方向了吗？"小塞德兹很神气地说："那是肯定的了，要不然，你们怎么可能这么快就发现我们啊！"

接着，大家都想知道小塞德兹是靠什么分辨方向的。于是，小塞德兹很认真地讲："其实这非常容易，因为天色已经黑了，有人的地方肯定会有灯光。所以，我就爬上了大树，看哪里有灯光，我们俩就朝那个方向前进，就这么简单啊！这是我从《野战计划》一书学到的，里面的士兵就是这么做的。"

所有的大人都非常惊讶，难道孩子就不怕自己会摔下来吗？小塞德兹知道了大人的疑虑，他很理智地告诉大家：

"如果我不上去，我和格兰特尔就找不到回旅馆的路。那么，我们俩就可能会被饿死或者被野兽吃掉。所以，我必须拼一下。"小塞德兹的话让在场的所有人惊呆了，就连我也不禁对小塞德兹竖起了大拇指。

当小塞德兹爬到大树上，看到远处的灯光，所以，他知道了那里应该可以帮助他们找到回家的方向。于是，他带着格兰特尔向那个方向前进。当他们走了一段路的时候，就看到这些人，知道他们是来寻找自己的。

这让所有人都不敢相信，一个孩子可以做出这么理智的判断，尤其是我，我真的为小塞德兹感到骄傲。

对于孩子，父母不要有过高的期望，凡是孩子喜欢做的事情，只要不是恶习或是危险的，就放手让孩子去做，在孩子取得进步时，表扬孩子；遇到挫折时，鼓励孩子，孩子会更加顺利地成长。

很多父母因为疼爱孩子，怕孩子受到伤害，把本应孩子自己做的事情，都替孩子做了，这对孩子没有任何好处，不但使孩子缺乏自理自立的能力，还会使孩子反感于父母对他们"自由"的控制。

每个人都渴望自由，孩子更是如此。父母给孩子自由，孩子就会有独立的人格，从而有自由的思维，做自己的主人，获得自信心和责任感，进而形成自律。

孩子的成长，更多地始于父母对其放手，给其自由，让孩子自己去经历。人生的路要自己去走，才会越走越宽，越走越辉煌。所以，父母要学会放手，给孩子自由。

我在教育孩子方面，有着自己独特的教育理念。我并不是按照我们传统的教育模式对孩子进行教育，而是通过游戏或者其他方式做引导帮助孩子学习。

这是十分新奇的方法，通过这样的方法可以让孩子自己寻找对学习的兴趣，这是很奇特的教育方法，和其他的教育方法有所不同。我通过这种方法，让小塞德兹学会了很多知识。

有一次，小塞德兹生病了，在家里休息。这时候，正好有客人来拜访我。这个客人是一位非常热衷于冒险的人士，当他知道小塞德兹生病了，便希望可以看望他，当他看到孩子，不由得发出感慨。

但他希望可以帮助孩子恢复精神，于是，他对孩子说："威廉，叔叔给你带了一个好东西，给你好不好啊？"

小塞德兹的精神被调动起来了，他很兴奋地看着客人手里那个像表一样的东西，好奇地问："叔叔，这是什么啊？为什么只有一根针啊？"客人告诉他，这是指南针。

小塞德兹仍然不依不饶地问："这是干什么的啊？为什么只有一根针啊？"客人笑了，告诉小塞德兹："他可以帮你指引方向，无论什么时候都可以带你走出迷雾中，不会迷失方向。罗盘上的针永远指向北方。"

小塞德兹似乎了解了这个小东西的功能，他对客人说："哦，我懂了，这个指南针的用途很大，你要是早一点给我，上一次我就不会在丛林里迷失方向了，害得我在地上大哭一场。"小塞德兹把大家都逗乐了，他一直拿着指南针，爱不释手，似乎要将指南针一探究竟。

当他遇到不明白的便问客人："叔叔，为什么这个针一直指着的是那个方向，而不是其他方向？"

客人告诉小塞德兹："因为这是磁力的原因，指南针的指针是由磁石制造成的，我们做指南针的时候，就已经规定了他必须指向北方，这样无论我们在哪里，都可以找到北方，就不会迷路了。"

可是，小塞德兹似乎并不满意，他继续追问："磁力是什么，为什么磁力要让它指北？”客人迷茫了，不知应该如何回答这个问题，思考之后便对小塞德兹说：“其实，地球是一个巨大的磁场，是它吸引这小指南针，让它一直指向北方。磁力则是空间的作用而产生的。”

小塞德兹继续问关于空间的问题，客人实在不能招架，便向小塞德兹表示投降，希望他不要再发问了。小塞德兹只好不再发问，自己拿着指南针开始了研究。

后来，看到小塞德兹对指南针这么有兴趣，我便和他一起做了一个指南针，满足小塞德兹的好奇心，并且将“磁力”的知识，告诉了小塞德兹，希望小塞德兹可以对这个有清楚的认识。

小塞德兹全心全意地投入这个过程中，终于明白了磁力的问题，并且还懂得了异性相吸，同性相斥的道理，小塞德兹真的具有很强的学习能力。

有一天，小塞德兹一个人在院子里玩开火车的游戏，他非常喜欢这个游戏。这个游戏很简单，他将一些木块串起来，这些木块就是所谓的车厢，然后他自己就是火车头，拉着这些木块前进。

他非常认真地玩着这个游戏，每到一个地方，他都会报站名，并且停下来，让乘客下车或者上车。在火车行驶的过程中，我们可以听见他的嘴里还在不停地发出一些声音，让旁观者看见都觉得十分可爱。孩子的模仿能力真的十分强，可以很生动地模仿现实中的事情。

但是，突然小塞德兹想要给他的火车增加车厢，可是能够串起来的小木箱都已经被他用完了，他找不到别的木箱了。这时，他不知所措，不知道怎么办才好。

突然，他想到我给他讲的磁铁，因为磁铁是同性相斥，异性相吸的。所以，只要把磁铁放在中间，这两个箱子就可以连在一起了。他开始笑了，为自己的聪明感到骄傲。

于是，他按照自己的想法，将两块磁铁各自放在不同的木箱上。可是，让他意想不到的事情发生了，那两个磁铁不管怎么样，也不愿意在一起，这样他十分为难。于是，他将它们放在最后的木箱上，但仍然不能吸在一起，这让小塞德兹十分苦恼。

小塞德兹没有任何办法了，他不知道为什么会发生这样的情况。他想起了我，大叫起来："爸爸，爸爸，我遇到麻烦了，这两个磁铁里有两个怪物，它们不喜欢对方，不愿意在一起，我该怎么办啊，帮帮我吧，爸爸，让它们和好如初吧！"

我笑了，觉得小塞德兹十分可爱，便对他说："这里面没有任何怪物，我不是曾经告诉过你同性相斥，异性相吸吗？你再看看你手里的磁块，是不是都是一个极的呀？这样怎么可能吸在一起呢？你只有把不同极的放在一起，这两块磁铁才会吸引在一起。"

小塞德兹对我的话，仍然半信半疑，但是，他还是按照我的说法做了。神奇的事情发生了，新的磁铁竟然吸到了一起，小塞德兹惊讶了，问我："爸爸，为什么不同极的磁铁在一起就可以相互吸引啊？为什么要分为南极和北极？为什么这样啊？"

面对小塞德兹的这些问题，我早就有所准备，我仔细给他讲述着每一个知识点，让他可以很好地了解这些问题，由于是他自己提出的这些问题，所以，他学起来也十分用心。

就是在普通的游戏中，小塞德兹学会了很多知识，掌握了很多道理。

为了帮助小塞德兹了解更多的事情，我有意识地设计了各种游戏，帮助他学习。

有一次，我给小塞德兹设计了一个可以通过橡皮筋的反弹能力，让物体飞起来的玩具，这个玩具对小塞德兹有很大的启发。小塞德兹通过同样的道理制作了很多这样的玩具，并且懂得了飞机的制作原理，还和我一起制作了飞机模型。

有一次，我给了小塞德兹两个镜片，一个是老花镜，一个是近视镜。小塞德兹对这两样东西十分感兴趣，他一会儿把近视镜放在自己的眼上，一会儿将老花镜放在自己的眼上，玩得不亦乐乎。

当他把每一个镜片放在自己的眼睛上的时候，都会有眩晕的感觉。就在这个时候，小塞德兹下意识地将两个镜片重叠在一起，这时他看见了远处的山峰，他非常兴奋地告诉了我。

在这个过程中，他懂得了望远镜的原理和知识，并制作了自己的第一架望远镜。

正是在这些游戏和日常的教导中，小塞德兹的才能得到了巨大的发展。可是，当大家看到小塞德兹的能力时，却很少有人关注我对他成长的帮助和指导。

» 不断追求生活中的真谛

小塞德兹应该进入中学了，他已经读完所有小学的课程。但是，他进入中学的道路却是非常坎坷的。我帮孩子申请了很多学校，但是没有一所学校愿意要小塞德兹。

他们认为小塞德兹这么小就要进入中学十分地不可思议。有很多学校，认为小塞德兹仅仅 7 岁，他肯定没有很好的知识积淀，他们不愿意接受这么小的孩子。

但是，我并没有放弃，我们仍然带着孩子去其他的中学，希望他们可以接受他。这一次，我们来到了巴尔摩中学，见到了校长，我希望他可以让小塞德兹进入学校学习。

但是，听到我们的要求，校长表现出了十分的不屑，他认为我们有病。看到校长的眼光，我已经不想再说下去了，我也非常不喜欢这样的校长。

但是，就在这个时候，小塞德兹说话了，他非常想进入学校，很想和小朋友们一起玩。于是，他对校长说："尊敬的校长，我真的已经掌握了所有小学的知识，你可以出题考我的。"

校长有些不悦，他对我说："我不想出任何考题，我们学校是不可能接受你的。可能，你们经过了一些教育，可以会做很多题，但是，我们还是没有办法接受你。我只希望你可以把孩子送回小学，让他将小学的知识掌握好以后，再上中学。"

校长的这些话，让我十分生气，我们已经不想让孩子读这所中学了。小塞德兹似乎也对校长的话十分不满意，他站起来，跟校长说："可是，我并不是只会那些难题呀，我会很多知识，我真的已经很好地掌握了小学的知识。我还了解很多天文、物理、生物等方面的知识，请收下我吧，校长。”

但是，校长仍然不为所动，他很生气地对小塞德兹说道：“你们再怎么说也没有用，因为，我国的法律规定，只有 8 岁以上的孩子才能够进入中学。你今年只有 7 岁，我怎么可能接受你？”

小塞德兹仍然不解地问校长为什么。

校长不耐烦地继续回答：“因为，这里是中学，不是小学，更不是托儿所。我们这里的孩子全部都有自理能力，我们不想将中学办成幼儿园。”

听到校长这么说，我十分气愤，对校长说道：“我们的孩子完全可以自理，这一点你可以放心，而且我们每天会准时来接孩子回家，他可以不用住校。”可是，就算这样，校长都没有同意。

校长拒绝了我们的入学申请，原因就是小塞德兹年龄太小，没有到符合入学的年龄。

小塞德兹不能进入学校学习了，他非常不开心。因为，他真的想和大家一样进入学校，想和大家在一起，但是，没有办法，他只能暂时在家里自学。

这个时候，他的表哥来看望小塞德兹，他的名字叫作米斯哥特，他的到来给小塞德兹的假期增添了很多乐趣。

小塞德兹的表哥米斯哥特十分可爱，而且非常聪明，他比小塞德兹大 3 岁。他不但学习成绩非常优秀，而且他的兴趣爱好也十分广泛。他喜欢尝试各种东西，他的身体也非常强壮。他的到来，让小塞德兹十分兴奋。

他是一个人独自骑着车子来到我们家做客的，小塞德兹看见自己的表哥非常高兴，但是，他更加感兴趣的是表哥骑的自行车。因为，在小塞德兹看来，他真的非常想要掌握这个技能。

他一直想知道关于自行车的事情，想知道自行车是怎么比赛的，更希望自己可以学会骑自行车。他一直缠着表哥，希望表哥可以教自己学自行车。表哥最终还是拗不过小塞德兹，于是，答应他，教他学习怎么骑自行车。

表哥也是非常有头脑的孩子，他先给小塞德兹讲一些关于骑车子的理论，然后，才让小塞德兹上车去骑。但是，讲是非常容易，真要骑起来就非常不容易了。

小塞德兹一次又一次地从车子上摔下来，莎拉看到了，非常心疼，她不希望儿子再继续学习骑车了。因为，小塞德兹的腿已经跌破了，还流了很多血。莎拉跑过去对他说："我们不学骑车了，你看你的腿都破了。"

但是，小塞德兹一直恳求妈妈，希望妈妈可以让他继续学。

这时，米斯哥特也对莎拉说："不要担心，学骑车肯定会受伤的，没事。"

但是，莎拉并不这么认为，她跑到我那里，对我说："快别让威廉学骑车了，他都已经流血了。我看着十分心疼，他学不会的，他没有这方面的能力，不要勉强再学了。"

我听到这句话，非常生气，对莎拉说："我的孩子怎么可能没有能力去学习自行车，他一定可以的。"

"可是，都这么多次了，他还是不会骑，而且还留了那么多血。我们不要让孩子学了。"

"那我们为什么不再多给威廉一次机会，这次他肯定可以学会的。"我对小塞德兹满是信心，我不相信他连自行车都学不会。

我们的对话被小塞德兹听见了，他非常感谢我对他的鼓励，并且希望我相信，他一定可以学好。

于是，小塞德兹非常刻苦地练习骑自行车，很快地，他就学会了如何骑车，这让所有的人都为他感到高兴。

家庭教育是在父母和子女的共同生活中，通过双方的语言交流和情感交流来进行的。**父母与子女的相互信任是成功家教的重要因素。**

在家庭教育中，父母的信任可使孩子感到他们与父母处于平等的地位，从而对父母更加尊重、敬爱，更加亲近、服从，心里话也乐于向父母倾吐。这既增进了父母对子女内心世界的了解，又使父母教育子女更能有的放矢，获得更好地效果。

教育的奥秘在于坚信孩子“行”。每个孩子心灵深处最强烈的需求是和成人一样，就是渴望受到赏识和肯定。父母要自始至终给孩子前进的信心和力量，哪怕是一次不经意的表扬，一个小小的鼓励，都会让孩子激动好长时间，甚至会改变整个面貌。

» 不墨守成规，教孩子随机应变

有一次，孩子们在一起玩战争游戏，他们分成了两组，一组是防御，另一组则是进攻。防御的那一组，他们要在沿途不断设防，并且要驻扎在河的对面，这就是他们的领地。

另外一组则是进攻，他们要去河对岸占领对方的地盘，小塞德兹和格兰特尔都在进攻这一组，小塞德兹是这一组的组织者。

现在的小塞德兹已经阅读了很多关于军事策略的书籍，他知道应该怎样指挥可以取得最后的胜利。

他经过分析和思考，制定了详细的攻城策略，他认为这是万无一失的，并告诫所有的人一定要严格按照他的要求行事，不要随意更改策略，更不可以泄露计划，不然，就会遭到严厉的惩罚。

小伙伴们很惊奇地问：“惩罚是什么？”

小塞德兹说道:“就是不让你再玩游戏了。”小伙伴们听见了这些话，便不再笑了，他们开始认真地对待这件事情，并且认真地执行小塞德兹的命令，害怕自己犯了什么过错。

其实，小塞德兹的计划很简单，就是将这些人分为两队，一队人正面进攻，另外一些人则从侧面进攻，给敌人出其不意的打击。

但是，从侧面进攻就必须要从格兰特尔家那边出发，最后要绕过一条河才能到达，这就是小塞德兹的方案。

所有的人都认为这个方案十分好，他们为小塞德兹鼓掌，并且会严格遵守小塞德兹的指令。

他们一起议论着：“有威廉这个计划，我们会把他们一举攻破。”

还有的说："我们可以直接灭他们的头了。"可见，他们每一个人对这场战争的胜利都是信心满满的。

可是，令人意想不到的事情发生了，小塞德兹带着人从后面进攻，可是到最后一道关口的桥却断了，他们没有办法过去。

孩子们不知道应该怎么办，他们看着小塞德兹，希望他可以想出办法。但是，小塞德兹也不知道怎么办，为了取得战争的胜利，小塞德兹还是下命令让所有的人都趟河过去。但是，这个计划实在是相当的冒险。

因为，孩子们看到河水相当的深，他们不愿意过去。他们走了几步，河水就已经没过他们的胸部了，如果继续下去，实在太危险了。为了安全，大家都不愿意过去。

这时，格兰特尔说话了："威廉，这样十分冒险，我们应该改变策略，这样太危险了。"

其他的小朋友也议论起来，他们都不愿意去冒险。

小塞德兹对大家说："我想只要大家小心点，我们就可以过去，不要太过担心，只要我们紧紧地抓住栏杆，就不会有事的。"

格兰特尔继续说道："威廉，你看现在这条河已经涨了这么高了，如果按照你刚才说的，那就太危险了。万一我们没有抓牢，我们岂不是要被河水冲走了，我认为太冒险了。"

小塞德兹也知道这个方法实在冒险，但是，眼看胜利就在眼前，他真的不愿意放弃这么好的机会，这让他相当不开心。所以，他就算知道这十分冒险，也不愿意放弃这么好的机会，去攻破敌军。

他仔细想了想，对大家说："伙伴们，我们不能放弃，胜利就在眼前，我们必须要攻过去。如果这是真正的战争，你们这些人都是不合格的士兵。"

但是，格兰特尔还是不同意小塞德兹的观点，他希望小塞德兹可以改变观点。可是，还没等格兰特尔说话，小塞德兹就开始针对格兰特尔，他指着格兰特尔说道："你一直都没有胆量，你就是胆小、怕事的人。"

格兰特尔十分生气，他对小塞德兹说：“威廉，我们现在只是做游戏，你为了一个游戏要让我们所有人都付出生命的代价吗？如果我们中间真的有人遇难了，怎么办？怎么和父母说？难道就是为了你的自尊心，我们所有人都要拿生命去赌吗？”

小塞德兹也意识到事情的危险性，于是问：“那我们怎么办？”

格兰特尔说道：“现在我们没有其他办法，只能和另一队联合起来一起从正面发起攻击。”

这时，小塞德兹说道：“我们不能那样，如果那样我们肯定会输的。我认为我们还是应该实行原来的计划，这样才能够取得胜利。我们不应该改变计划，应该还按照原来的计划执行。”

可是，所有的人都反对小塞德兹的意见。他们对小塞德兹说道：“我们之前认同，是因为桥没有断。现在我们知道了，我们就应该重新制订计划。”

小塞德兹像一个独裁者，不听任何人的话，命令大家必须过河。可是，没有多少人响应小塞德兹，有的甚至决定退出游戏。小塞德兹走到了河边，他迷茫了，开始怀疑自己的决定，他不知道自己下一步要往哪里走。

我看见小塞德兹迷茫地站在河边，又看见其他的孩子不停地相互争论，我知道一定发生了什么事情。

这时，孩子们看到了我，就朝我跑了过来，希望我可以帮助他们，改变小塞德兹的决定。由于他们每个人都急于向我诉说经过，结果导致我听了很长时间，才知道发生了什么事情。

我走到小塞德兹身边，说道：“威廉，你怎么可以这样固执？”

“爸爸，我觉得我是对的。”小塞德兹说道。

“你认为你拿别人的生命去冒险是对的吗？你们只是一个游戏，需要冒这么大的风险吗？”我对小塞德兹说道。

“爸爸，我只是想胜利，我除了这个方法，不知道还有什么方法可以胜利。”

“你们可以从那里进攻，就是敌人的那座桥，因为他们的主要兵力没有在那里，你们可以很容易地攻下那座桥，从那座桥进入，占领他们的领地。这样，你们不就胜利了吗？”我说道。

所有的孩子听到这个想法，都非常高兴，他们又开始了议论，并且说道：“这个方法真好，我们不需要冒生命危险就可以取得胜利，真是太好了，这真让人开心。”

可是，我注意到，小塞德兹并不高兴，他对我说：“爸爸，你这样的话，我的计划不就没有用武之地了？”

我说道：“威廉，你为什么要制订计划，你是想要干什么？”

“我当然是为了战胜对方了。”

“对呀，只有这个方法可以取得最后的胜利，而且又不需要冒险，我们为什么还要坚持之前的方法呀？”我对小塞德兹说道。

可是，小塞德兹还是不服气，对我说：“这些是书上说的，如果我们制订了作战计划，就不能轻易更改。”

我知道如果不跟孩子讲明白，小塞德兹是不会懂的，于是，我耐心地对小塞德兹说道：“威廉，你想一下，这不是真正的战争，就算这是真正的战争，在你们刚才争吵的过程中，对方已经把你们歼灭了。”

“其实，在真实的战争中，任何情况都可能发生，我们需要根据不同的情况，制定出不同的策略，而不可以固守一个策略，这样，是不可能取得胜利的。”

小塞德兹听后，知道自己不对了。

我继续说道：“拿破仑你们都知道吧，曾经有一个战役，叫作‘滑铁卢之役’，在那次战役中我们都知道拿破仑失败了。可是，你们知道最终失败的原因吗？当时，拿破仑被英军围困，他急需部队的支援。

“可是，拿破仑手下的指挥官是一个严格按照命令行事的人，没有得到拿破仑的指示，他决不会出兵，尽管他们相距仅仅 20 公里。

“但是，英国的将领却是一个非常善于分析战机的人，他知道这个时候应该出兵支援，便很果断地下了命令前去支援。这时他们距离那里还有 60 公里的距离，最后，因为英军将领懂得分析战情，不固守

指令，这样，使得英军取得了最后的胜利。”

小塞德兹明白了，他按照我的战略，很快取得了战争的胜利。

这件事情，也让小塞德兹明白了，做任何事情不可以墨守成规，应该从实际出发，分析原因，找出新的突破点。

社会是复杂的，充满着机遇和挑战，好事和坏事，如何应变，不仅涉及到孩子的难堪和不难堪问题，还会影响到孩子的命运和前途。

孩子的应变能力反映孩子的机智，应变能力强的孩子，在意外变故前会表现出高度冷静和强烈的自信，运用自己敏捷的思维和动作。而缺乏应变能力的孩子，基本的事情都处理不好，也就难有较大的成就了。

在社会交往中，常常会遇到一些突发情况，这就需要孩子迅速反应，说出适合情境的话，做出恰当应对的行为，这是孩子应该具备的基本素质之一。

较强的应变能力是孩子的卓越品质，但是现在的学校教育，并没有教给孩子如何拥有较强的应变能力，这就需要家庭教育给予孩子更多的帮助和教育。

图书在版编目(CIP)数据

俗物与天才/(美) 塞德兹著;成墨初,蒙谨编译.——2版.
-武汉：武汉大学出版社，2014.11（2020.5重印）
ISBN 978-7-307-12681-7

Ⅰ．俗… Ⅱ．①塞… ②成… ③蒙… Ⅲ．早期教育－家庭教育－教育方法 Ⅳ．G78

中国版本图书馆CIP数据核字(2014)第004201号

责任编辑：陈　岱　　责任校对：赵　娜　　版式设计：文豪设计

出版：**武汉大学出版社**　（430072　武昌　珞珈山）
发行：**武汉大学出版社北京图书策划中心**
印刷：三河市京兰印务有限公司
开本：787×1092　1/16　　印张：13　　字数：190千字
版次：2020年5月第1版第3次印刷
ISBN 978-7-307-12681-7　　定价：45.80元